역사를 담은 지리로그

역사를 지리로 풀다

역사를 담은 지리로그

이민부 지음

푸른길

머리말

국토는 자연지리와 인문지리가 함께한 역사의 산물이다. 지역은 각 지역의 자연환경과 그에 적응한 주민의 역사이고 생활이다. 국토를 이루는 지역과 장소는 자연스럽게 자신만의 특성을 지니게 된다. 이 책을 통해 국토의 몇몇 지역이 간직한 역사를 지리적 관점을 담아 설명하고 그 지역의 지리적 특성을 기록하고자 했다.

이 책에 담긴 글의 대부분은 2024년에서 2025년에 걸쳐 13개월 동안 파이낸셜뉴스에 연재한 글이다. 이 글들을 수정, 보완하고 새로이 항목을 추가하여 30편으로 완성하였다. 언론사 덕에 부분적이나마 국토를 둘러보고 글로 정리할 수 있는 기회를 얻게 되어 기뻤다.

그런데 글을 모아놓고 보니 교양서와 학술서의 관점이 겹치고 있어 재미가 없을까 걱정이 앞섰다. 글을 담듬는다고 다듬었지만 여전히 학자의 때를 벗지 못한 느낌이어서 아쉽다. 독자들이 조금이나마 편안히 글을 읽을 수 있도록 각 항목의 참고문헌을 모두 모아서 맨 뒤에 따로 실었다. 이와 연관되어 국토 이해에 도움이 될 만한 책자들도 함께 실었다.

필자는 지형학, 환경지리학 등을 전공하는 자연지리학자로서 '지리

역사를 담은
지리로그

블로그', '지리 교실'이라는 제목으로 교양서를 출간한 바 있다. 이 책은 세 번째 교양서이다. 그동안 전공 분야에 대한 학술적 연구 외에 역사, 지명, 생물, 경제, 사회 뿐만 아니라 문학에서까지 지리적 연관성, 특히 자연지리적 연관성을 찾아내는 데 관심이 있었다. 국가적이거나 공공적인 지원 사업으로 국가지도, 국토지리지, 국토현황분석, 북한지역 연구 등에도 적극적으로 참여하여 왔다. 그 과정이 한 권의 지리로그를 완성하는 데 많은 영감을 주었다는 것은 의심의 여지가 없다.

요즘은 국토에 대한 정보와 지식이 넘치는 세상이다. 그렇지만 국토의 지역, 장소와 공간에 대한 필자의 관점이 세상을 이해하는 데 조금이나마 도움이 되었으면 한다. 본서를 위한 글들을 1년간 연재해준 파이낸셜뉴스의 전재호 회장님, 정성민 부장님께 감사드린다. 그리고 이 책의 출간을 허락해준 푸른길의 김선기 대표님과 편집팀 분들의 노고에 감사드린다.

2025. 10. 31.

이민부

차례

머리말　4

- 충무공의 역사 깃든 진해만과 한국 해군　10
- 6천 년 전 바닷물의 작품, 구불구불 남해도　17
- 한양에서 남원까지, 춘향전 속 조선의 지리　24
- 우리말 지명을 서양에 소개한 180년 전 지도　31
- 남강과 함안의 추억, 1960년대 경남을 보다　38
- 도라산 땅 한가운데 포로수용소가 있었다　46
- 영도의 지명 곳곳에 묻어나는 부산 성장의 역사　54
- 거제의 영등포와 서울의 영등포　62
- 한국 목장의 역사지리　69
- 서해 소금과 평창 콩을 맞바꾸던 물류 중심지　76
- 서늘하고 겨울 긴 환경에 특화된 작물　82
- 호남평야, 풍요를 바탕으로 시·서·화가 발달하다　88
- 동해는 고래의 길　94
- 교동도의 지리와 역사를 찾아서　101
- 강원도, 한국 감자 200년 역사의 땅　108
- 조선 선비들도 은퇴 후 살고 싶어한 충남 내포　113

- 우리 국토의 자산 황토를 찾아서   119
- '대한민국 4대 고도' 익산의 역사와 지리   125
- '댄디보이' 이효석의 평양 생활   131
- 아름다운 섬 거제의 역사   137
- 철새와 비행기의 공존, 한국의 공항을 돌아보다   144
- 한국의 소금 산지를 찾아서   151
- 춘원 이광수의 국토 기행   159
- 한국의 소나무를 찾아서   166
- 남과 북의 경계 임진강의 역사지리   173
- 남산을 다시 보다   180
- 풍수지리의 신앙지 계룡산의 역사지리   187
- 선녀와 나무꾼이 만나는 곳, 폭포와 소   194
- 한국의 콩, 그 오래된 역사   199
- 풍토, 자연환경에 적응한 인문 현상   207

참고문헌   213

역사를 담은 지리로그 »»»

충무공의 역사 깃든 진해만과 한국 해군

진해는 벚꽃 필 무렵에 군항제를 연다. 2025년에는 3월 29일부터 4월 6일까지 열렸다. 현재 진해는 한국 해군의 중심지로 해군기지, 해군사관학교, 해군교육사령부가 자리잡고 있다. 해군들은 '진해의 해군'이 아니라 '해군의 진해'라며 자부심을 보여주기도 한다.

진해 군항제는 충무공 이순신 장군과 직결되어 있다. 1952년에 진해에 이순신 장군 동상을 건립하고 해마다 추모 행사를 가졌는데 이를 더욱 발전시켜 1963년부터 군항제 행사로 확대하면서 전 국민의 사랑을 받아왔다.

진해의 근현대사는 한반도 남해안의 지정학과 함께한다. 조선시대 수군의 진영으로서 중요 역할을 해온 진해(鎭海)는 원래 현재의 위치가 아닌 현재의 창원시 진동면에 있었다. 조선과 러시아, 일제의 지정학적

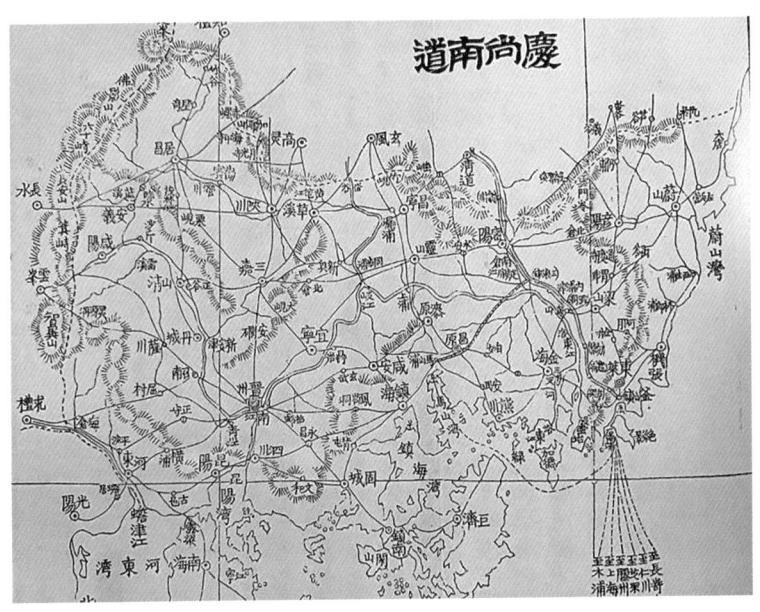

『대한신지지』 경상남도 1907년본

관계가 간여하면서 진해는 오늘날의 진동에서 동쪽으로 진해만을 건너 현재의 진해시로 이전했다. 현재의 진해시는 원래 조선시대에 웅천(熊川)과 웅포(熊浦)로 알려진 해안 군현이었다. 1907년 조선 왕조의 행정지도에는 현재 진동의 진해와 현재 진해인 웅천이 표기되어 있다.

유라시아의 내륙국 제정러시아는 태평양으로 진출할 기회를 노리면서 진해에 인접한 마산포에 해군기지를 만들고자 했다. 여기에 일제가 즉각 반발하여 조선으로부터 먼저 진해를 접수하고, 진해의 군영을 진동에서 20km 정도 동쪽인 웅천과 웅포로 옮겼다. 이때 행정명도 함께 가져와 도시 자체가 이전을 한 것이다. 1908년의 일이다.

한국 해군의 중심지인 경남 진해는 1908년 일제가 원래 진해로 불렸던 진동(현재의 창원시 진동면)에서 동쪽으로 20km 떨어진 웅천과 웅포로 도시와 군영을 옮기면서 형성됐다. 위 사진은 현재의 진해 시가지, 아래 사진은 1930년대 진해 시가지의 모습이다.

이후 현재의 진해는 2010년 마산, 창원, 진해 세 도시가 통합될 때까지 개별 도시로 남았으니 이때를 기준으로 따지면 그 역사는 102년, 2025년을 기준으로 하면 117년이 된다. 2010년 이후 진해는 진해시에서 창원시 진해구가 되었지만 지역 주민들은 여전히 진해시로 부른다.

진해 앞바다는 서쪽의 통영, 동쪽의 가덕도, 남쪽의 거제도로 둘러싸인 비교적 큰 바다로 진해만이라 불린다. 진해만의 중심에서 내륙으로 뻗은 곳이 마산만이다. 깊고 편안한 바닷길이다. 진해만은 전반적으로 부산에 인접하면서 일본의 접근이 용이한 남해안 지역이다.

한편, 진해의 뒷배경에는 천주산(640m)과 정병산(567m) 등 해발고도 500~700m의 산맥이 거의 동서로 뻗어 있다. 백두대간론에서 낙남정맥으로 불리는 산맥이다. 이처럼 지형적으로 진해는 바다를 통하지 않으면 북쪽의 내륙과 연결이 어려웠다.

하지만 한국의 경제가 발전함에 따라 내륙과 진해와의 교통로 필요성이 대두되었다. 이에 따라 많은 터널을 만들어 산맥의 어려움을 해결해왔다. 창원, 마산, 부산, 김해 등과 진해를 연결하는 도로들은 귀산, 장복, 마진, 안민, 진해, 굴암, 웅동, 보배, 마천, 용원 등의 터널을 통과한다. 면적이 작은 소도시에서 이렇게 많은 터널이 있는 곳은 진해가 유일할 것이다.

잘 알려진 대로 일본은 수천 년간 한반도를 침략해왔다. 왜구, 왜란, 왜관, 왜성 등의 이름이 역사에 진하게 남아 있다. 조선 초기에 이러한 일본과 상호간 평화를 유지한다는 명목으로 일본인의 공식적인 접근과 거래를 위한 왜관 설치 등을 허용하면서 웅포(현재의 진해), 부산포(부산 초량), 염포(울산) 등 삼포(三浦)를 개방했다. 일제강점기를 포함하면 삼포에서 일본과의 거래는 500년의 역사를 기록한다. 삼포는 일본인의 한국 거주를 허용한 지역들이다.

세종 때의 문신 신숙주는 일본에 다녀와 왕명에 받고 태평양 연안 여러 나라의 지리와 지도 등을 실은 『해동제국기(海東諸國記)』를 저술하였다. 이 책은 태종 때의 세계지도인 「혼일강리역대국도지도(混壹疆理歷代國都之圖)」 이후에 조선과 인근 태평양 지역의 지도를 담은 책자다. 특이한 것은 한자로 된 일본어 지형의 발음 기호를 우리 한글로 표기한 것이다. 외교에 도움이 되는 실용서였지만 더욱 발전시키지 못한 점이 아쉽다. 이 책에 삼포에 대한 간단한 설명과 지도가 실려 있다. 웅포 지도에 웅천성과 해자, 해안선이 잘 그려져 있다.

1592년 임진왜란이 일어나면서 남해안 전역이 전쟁터가 되었다. 이순신 장군의 위업이 없었다면 일본의 식민지가 되지 않았을까 하는 아찔한 역사의 순간들이었다. 이순신 장군은 『난중일기』를 통해 직접 참전한 해전들을 기록했다. 지역과 장소도 함께 기록하여 당시 지역에 대한 지리지의 모습도 보인다. 진해만과 연관된 해전으로는 1592년 5월 옥포와 합포해전, 6월 안골포해전, 1593년 2월 웅천해전이 기록되어 있었다. 1595년에는 왜군 수장 고니시 유키나가(小西行長)가 6월 웅천에 기지를 만들어 주둔하면서 농성을 이어갔지만, 7월에 들어 이들은 조선수군에 의해 웅천에서 퇴각당한다.

왜군은 왜구 활동에는 능하지만 임란 초기에 군사작전 능력은 부족했다. 이순신 장군은 이러한 왜군의 상황을 최선을 다해 파악하고자 했다. 이순신 장군은 잘 알려진 대로 군사력 증강과 철저한 훈련, 군수물자의 조달과 조정의 설득, 휘하 장수들과의 작전회의와 작전 수행에 만전을 기했다. 또 이를 위해 현장의 실태에 대한 파악에 진력했다. 해안 지형과 조류 이동을 잘 관찰했고, 이를 위해 지역주민들의 경험도 청취했다. 작전지도 작업도 실행한 것으로『난중일기』에 기록되어 있다.

『난중일기』에는 경상, 전라, 충청도의 많은 지역들이 언급되고 있다. 그중에서 진해만 지역 기록에서는 웅포(熊浦·진해 남문동), 웅천(熊川·진해 웅천동), 송도(松島·진해 안골동), 원포(阮浦·진해 원포동), 사화랑(沙火郞·진해 남양동) 등이 언급된다.

이순신 장군이 지휘한 웅천해전과 안골포해전으로 왜군은 이순신의 수군에 대한 두려움이 커졌다. 왜군은 웅천과 안골포에 왜성을 쌓아 농성에 돌입하였으며, 이순신의 조선수군은 왜군들의 병선을 진해만 가운데로 끌어내어 물리치고자 했다. 또 왜군이 머문 곳에 정탐군을 보내 정보를 얻거나 유격부대를 통해 유격전으로 왜군을 물리치기도 했다. 안골포에 굴강(掘江)을 만들어서 선박의 이동과 수리, 군수물자의 선적 등에 활용했다. 굴강은 안골만의 중심 흐름을 깊이 파서 활용한 것으로 해안 지형을 군사적으로 잘 활용한 사례이며 현재도 대략적인 원형이 보존되고 있다.

이제 진해는 창원과 마산과 연결되고 그리고 부산과 거제, 통영과 고

안골포 굴강(掘江). 안골만의 중심 흐름을 깊이 파서 선박의 이동과 수리, 군수물의 선적 등에 활용한 것으로 해안 지형을 군사적으로 잘 활용한 사례이다.

성으로 연결되는 남해안의 주요 거점이다. 이순신 장군의 『난중일기』에 진해의 지리와 역사가 잘 설명되고 있다. 이러한 역사를 바탕으로 대한민국의 해군력을 키우고 유지하는 곳, 국가와 국민은 충무공 이순신의 역사가 깃든 진해를 잘 지켜나가고 있다.

6천 년 전 바닷물의 작품, 구불구불 남해도

    남해도는 한반도 남해안의 중앙에 자리 잡고 있다. 면적은 302.8km²로 제주도, 거제도, 진도에 이어 우리나라에서 4번째로 큰 섬이다. 경상남도 남해군은 남해도와 12번째로 큰 섬인 창선도(54.2km²) 두 섬으로 이루어져 있으며, 3개의 유인도를 포함하여 79개의 부속섬이 있다. 남해군에 따르면 인구는 2024년 4만 1579명이었으나 점점 줄고 있다. 창선도는 조선시대 경상우도의 중심이던 진주목에 속한 월경지였다.

    남해안 일대는 빙하가 물러간 후 대략 6000~7000년 전까지 바닷물이 상승하면서 물에 잠겼었다. 이때 급경사와 굴곡이 심한 리아스식 해안이 만들어져 남해도는 섬 전체가 절경을 이룬다. 남해도는 해안선 길이도 302km에 이른다. 일찍이 한려수도의 길목에 위치하면서 해안 일부는 한려해상국립공원에 포함돼 있다. 수산자원이 풍부한 편이다.

남해안 800리의 중심인 남해도는 높은 산과 가파른 사면이 해안까지 이어져 예부터 계단식 논이 발달했다. 무려 108계단으로 이뤄진 가천마을 다랭이논이 특히 유명하다.

  남해도는 기후가 매우 온난하여 난대성 작물이 잘 자란다. 최근에는 그 명성이 많이 약해졌지만 유자, 비자, 치자 등 '3자의 섬'으로 유명했다. 모두 따뜻한 곳에서 잘 자라는 약용 및 식용 작물이다. 또 남해도는 상대적으로 겨울이 따뜻해서 전국의 축구·야구를 비롯한 다양한 스포츠 팀들의 겨울 전지훈련장이 되기도 한다. 간호사나 광부로 일했던 동포들이 독일에서 귀국하여 조성한 마을도 있다. 남해안에서 휴양지로서 좋은 지리적인 조건을 갖추고 있다. 천연기념물로는 난대성의 상록수림, 왕후박나무, 산닥나무 등이 있다.

  남해도는 지형적으로는 높은 산과 가파른 사면이 해안까지 연결되기 때문에 평지가 별로 많은 편이 아니다. 그로 인해 계단식 논이 해안부터 산지 중앙까지 이어져 발달하고 있는 곳이 많다. 가천의 다랭이 논은 108계단으로 전국적인 관광자원으로까지 발전하고 있지만, 사실 마을 주민들은 논밭을 일구는 일로 고생이 많았다. 현재 많은 논들은 마늘밭, 유채꽃밭으로 변모되어 있거나 빈 논도 더러 남아 있다.

 남해도 밭에서는 고구마 생산도 많았다. 1980년대까지도 전국에서 고구마가 가장 많이 생산된 곳이다. 저장성을 높이고 주정 제조를 위해 고구마를 잘라 말린 '빼때기'로도 유명했다.

 남해도의 산지를 보면 가장 높은 망운산이 해발고도 785.9m이고 호구산이 617.2m, 전국적으로 잘 알려진 금산이 681m이다. 섬 지역이라 이 정도 높이면 산세가 상당히 험하다. 산의 높이가 바로 상대비고가 되기 때문인데 해발 600~700m라는 것은 상당히 급한 산세를 의미한다. 따라서 농지가 매우 협소하다.

 지질적으로 남해도는 중생대 퇴적암(유천층)과 불국사화강암이 대세를 이룬다. 퇴적암은 비교적 견고해서 풍화에 강하여 모래를 잘 만들지 못한다. 따라서 해안의 많은 부분들이 비교적 큰 자갈로 채워져 있고, 파랑이 잔잔한 만이나 포구에서는 그 위로 갯벌이 전개되고 있다. 퇴적암 지대에서는 인근의 진주, 고성에서처럼 화석도 나온다.

 상주와 금산 일대는 대략 6000만 년 내외의 불국사화강암 지역이다. 설악산, 북한산 등 중부지방의 화강암들은 대보화강암으로 1억 5000만 년 전 생겨났다. 화강암은 다른 암석에 비해 풍화와 침식이 잘되는 암석이다. 따라서 풍화된 모래들은 빗물과 하천에 의해 바다로 나가서 상주해수욕장의 사빈을 이루고 있다. 모래 중에서도 석영질이 가장 질겨서 밝은 빛의 백사장을 만든다.

상주해수욕장은 길이가 약 2km 되는 백사장과 뒷면의 소나무 방풍림으로 인해 남해안에서 으뜸가는 해수욕장이 되었다. 금산은 풍화와 침식에 견디고 남은 기암절벽의 화강암 산지다. 금산은 아래에서 올려봐도 아름다울 뿐 아니라, 정상 부근 보리암에서 상주해수욕장과 남해 바다를 바라보는 것도 장관이다.

물건리 방조어부림(防潮魚府林)도 남해도의 관광자원으로 각광받고 있다. 물건리 해안은 둥근 자갈로 이뤄진 몽돌해안이다. 즉 화강암과 같은 풍화에 약한 암석대가 아니라서 모래가 없다. 물건리 해안 뒤쪽으로는 해안의 형태 그대로의 반원형 방풍림이 조성돼 있다. 이 방풍림은 바닷바람을 막고, 어류들의 안식처까지 만들어 주고 있다. 태풍에도 잘 견뎌 왔고, 그 심했던 태풍 '매미'에도 잘 견뎠다. 이 숲은 느티나무, 팽나무, 푸조나무, 이팝나무, 모감주나무 등이 주를 이루며 그 외 말채나무, 가마귀밥여름나무, 누리장나무, 화살나무 등 희귀한 나무들도 자란다. 전체 1만여 그루가 조성되어 있는데 길이 1.5km, 총면적 약 7,000평으로 멀리서 바라보는 경관도 좋다.

남해도의 유적지는 대부분 충무공 이순신 장군과 관련된 것이다. 충무공을 기리기 위해 마지막 해전이 벌어졌던 노량 앞바다 노량해협이 바라다보이는 곳에 충렬사(忠烈祠)가 있다. 이 사당 뒤에는 약 6개월간

1861년 전후로 제작된 『동여(東輿)』에 표기된 경남 남해

임시묘로 사용되었던 곳이 가분묘로 남아 있다.

충무공이 전사한 관음포(고현면 차면리)에는 이충무공전몰유허(李忠武公戰歿遺墟)가 있다. 충무공의 유해가 맨처음 육지에 올라 모셔진 곳이어서 이락사(李落祠)라고도 하는데 이곳 포구를 이락포(李落浦)라고 부르기도 했다. 돌아가신 날 이락사에 잠시 모셔졌던 충무공의 유해는 충렬사로 옮겨졌고, 약 6개월 후 충청도 아산에 영구히 모셔졌다.

남해도는 서울에서 멀다. 조선시대 관찬 지리지인 『신증동국여지승람』에는 한양에서 천사십오 리로 적고 있다. 그만큼 한양과 멀리 떨어져 있어서 제주도, 거제도, 강진, 흑산도 등과 함께 유배지로도 적임이

남해도를 육지와 연결하는 남해대교. 노량해전 바다 위를 지나는 현수교로 1973년 건설되었으며 경남 하동과 연결된다.

었다. 이곳에 유배된 대표적 선비가 서포 김만중(1637~1692)이다. 그는 숙종이 희빈 장씨를 총애하고 인현왕후를 폐위한 것에 반대해 유배된 상태에서도 이를 풍자한 『사씨남정기』를 지었다.

  남해도는 현재 육지와 교량으로 연결되어 있다. 1973년 건설된 남해대교는 길이 660m의 2차선 교량으로 남해 노량과 하동 노량을 연결한다. 이 교량은 이순신 장군이 전사한 노량해전 바다 위를 건너고 있다. 우리나라 연륙교 중에서 최초의 현수교이며, 그 자체의 아름다움으로 전국에 널리 알려졌다.

  남해도와 창선도 사이에는 창선교가 놓여 있다. 이 교량은 서쪽의 강

남해도와 창선도 동쪽 사천만에서 내해인 강진만 쪽으로 밀물이 밀려드는 좁은 물목에 멸치잡이를 위한 죽방렴이 만들어져 있다.

진만(남해도와 창선도 사이의 내해)과 동쪽 사천만 사이의 좁은 물목(지족해협) 위에 놓여 있다. 조류 흐름으로 볼 때 외해와 연결되는 사천만에서 내해인 강진만으로 밀물이 밀려든다. 이 흐름을 따라 멸치잡이를 위한 국내 유일의 죽방렴(竹防廉)이 만들어져 있다.

 남해안 800리의 중심이며 경관이 수려하고 살기 좋은 섬 남해도는 일점선도(一點仙島)로 표현된다. 사람들이 매우 부지런해서 농업적으로도 상당한 성공을 거두고 있다. 마늘, 유자, 고사리가 남해의 3대 작물로 유명하다.

한양에서 남원까지, 춘향전 속 조선의 지리

전북 남원시는 해마다 5월이면 춘향과 이몽룡이 처음 만난 날에 맞추어 '춘향제'를 개최한다. 1931년 음력 5월 5일 춘향 제사를 지내면서 시작된 춘향제는 지역축제의 효시로 알려져 있다.

『춘향전』은 조선시대 소설로서 대중들에게 가장 널리 알려진 작품이 아닐까 한다. 이를 토대로 오랫동안 가장 많은 연극 공연과 음악 공연이 이뤄졌다. 한국의 문학과 예술에 대한 기여도가 매우 높은 작품이라고 할 수 있다. 그럼에도 지역적이고 민중적이다. 은근한 사회비판 등이 유머와 함께 잔잔히 담겨 있다.

예술과 문학의 향기와 더불어 소설『춘향전』의 또 다른 특징은 매우 지리적이라는 것이다. 이 작품에는 이동하는 거리와 장소, 지역에 대한 실제 설명이 상세히 나온다. 특히 전라도 거의 전역에서 주요 군읍과

남원에 있는 광한루와 오작교는 춘향과 이몽룡이 사랑을 나눴던 장소다. 남원은 북쪽에 교룡산이 우뚝 서 있고 남쪽으로는 요천이 흐른다.

명소들이 소상히 소개된다. 장단과 노래로도 지나간 장소와 그 지역의 명소들을 설명한다. 이몽룡이 암행어사로서 한양과 남원 간의 공식 이동로를 정확히 보여준다.

『춘향전』에 내포된 이 같은 지역 소개는 지금 보아도 매우 사실적이며 구체적이다. 물론 약간의 상상력도 포함되지만 각 장소들을 실제적으로 묘사하고 있다. 결과적으로 이러한 지역과 장소, 이동로 등을 정리하면 전라도의 지도가 그려진다. 조선 최고의 도로와 교통 전문가로 알려진 실학자 신경준(1712~1781)의 저서 『도로고(道路考)』의 이동로와 대체로 일치한다. 당시의 일상적인 국토 이동의 모습을 잘 그려냈다는

1930년대의 남원 광한루 앞 오작교 모습

이야기다.

『춘향전』은 이러한 지역 설명과 분석을 절묘하게 문학적·예술적 비유로 승화시키고 있다. 작가는 어떤 감정으로 이러한 지역 분석을 넣었을까? 작품의 현실성을 높이기 위한 것은 아닐까? 작품의 품위와 권위를 위한 것일 수도 있다. 게다가 중국의 여러 지역과 장소, 이를 바탕으로 한 중국 시문과 작품을 인용한 사례도 많다. 문학 연구자에 따라서는 실제의 사건을 다룬 작품으로 보기도 한다. 전라도 남원의 춘향과 경상도 봉화의 이몽룡의 우연한 만남이지만 현실성이 있다는 이야기다. 그러나 문학 연구자들 대부분은 이것을 실제 사건으로 보지는 않는다. 다만 암행어사의 백성과 민중을 위한 노력에 대한 사회적 요청이 반영된 것이 아닌가 평가한다.

자세히 살펴보면, 시대가 지나면서 『춘향전』 속 내용도 조금씩 변화되었음이 확인된다. 국토공간의 변화 과정이 반영되었다고 짐작할 수 있다. 조선시대는 비교적 발전이 많았던 시기이다. 작품에 드러난 장소와 지역을 분석하면, 작품의 시대적 출발 시점을 어느 정도 가늠할 수 있을 것이다. 이 작품은 대체로 영조와 순조 사이에 초안이 나왔을 것으로 본다. 신경준의 저작도 영조 때 이뤄진 것이다.

작품에 등장하는 모든 지리적 요소들, 즉 장소와 공간, 지역과 지역 이동, 지역에 대한 작품 속 인물들의 판단과 감상 등을 살펴보는 것은 작품을 제대로 이해하는 데 있어 필요한 요소라고 할 수 있다. 지리적 요소가 강한 작품일수록 그렇다.

『춘향전』에 등장하는 주요 지역과 장소를 살펴보는 것은 작품을 향유하는 또 다른 방법이다. 어사 일행은 모두 4파로 나뉘어 이동하는데, 각 지역의 상황을 탐지하면서 남원에서 합류한다. 이도령은 전라도 전담 암행어사이므로 전라도 전역에 대한 백성과 관리들의 상황을 파악하는 것이 중요했을 것이다.

작품에서는 주제 지역인 남원의 명승지를 먼저 언급하는데 알다시피 광한루와 오작교, 남원의 배경인 교룡산과 시내를 흐르는 요천수를 든다. 지금도 남원 방문의 대표적 장소들이다. 광한루에 대해서는 평양의 대동루, 양양 낙성대, 진주 촉석루, 밀양 영남루와 함께 단연 전국적

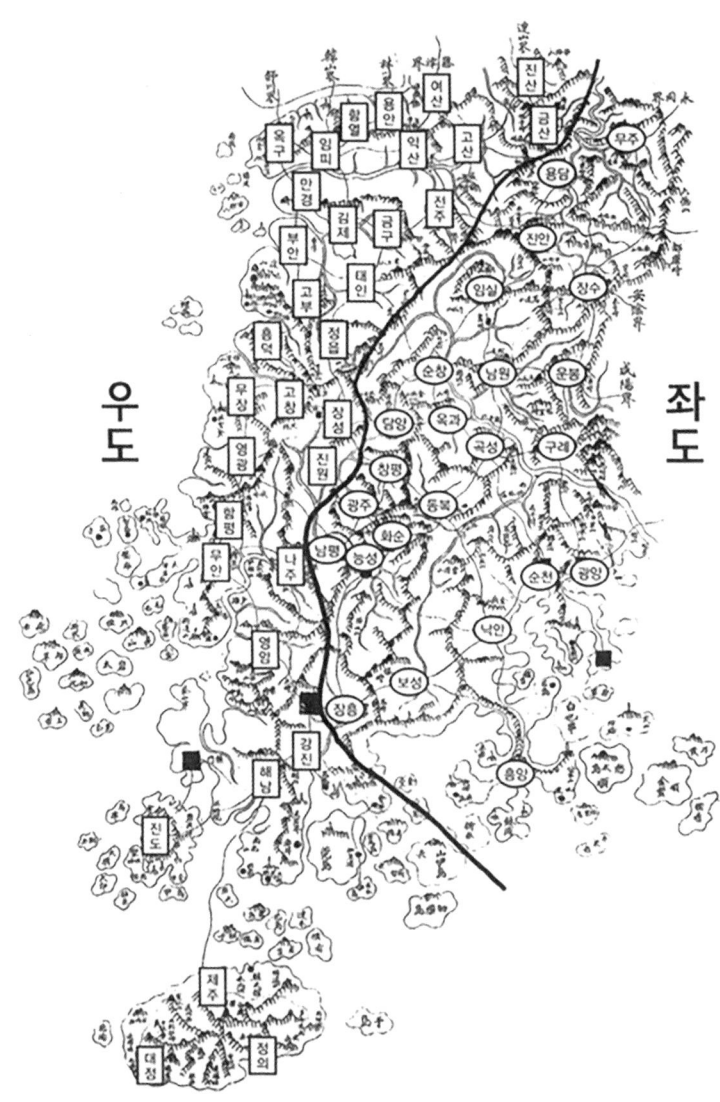

조선시대 전라도(김덕진, 2018)

명승지임을 밝힌다. 춘향과 비교하면서 당시 실제로 잘 알려진 기녀들도 소개한다. 춘향뿐 아니라 이 기녀들도 충효열녀 못지않다고 하면서 해서의 농선, 진주의 논개, 청주의 화월, 평양의 월선, 안동의 일지홍 등을 열거한다.

어사출두단 일행의 이동로도 의미를 가진다. 이동로에서의 밥전거리, 떡전거리, 새술막 등 식사와 숙박 장소도 기술되는데, 이는 당시 일반인의 이동로에서 만날 수 있는 주요 쉼터들이다.

한양에서 출발하여 경기도를 지나면서 남대문, 동작진, 남태령, 과천읍, 수원을 지난다. 그리고 충청도에서는 천안, 공주, 은진 등을 지나고 전라도 입구 여산으로 들어간다. 여기서 네 패로 나뉘어 좌도패는 진산, 금산, 무주, 진안, 장수, 운봉, 구례로 가고 우도패는 함열, 임파, 옥구, 김제, 만경, 고부, 부안, 고창, 장성, 영광, 무안, 함평을 통과한다. 연안과 남도 일행은 전라도 해안과 현재의 전남 지역에서 익산, 정읍, 순창, 옥과, 광주, 나주, 담양, 화순, 강진, 장흥, 보성, 흥양, 낙안, 순천, 곡성 등을 지난다.

특이하게 어사 이동로는 잘 알려지지 않은 곳들이다. 암행으로 다니는 어사의 모습을 보여주려는 의도로 보인다. 예를 들면 통새암, 삼례, 한내, 주엽쟁이, 가리내, 심금정, 숲정이, 공북루, 임실 구홧뜰 등이 있는데 향과 부곡 등의 서민들 모습을 살피고자 한 어사 고유 업무의 수행지들일 듯하다. 드디어 남원에 어사출두하면서 이도령은 인근 지역 수령들을 집합시킨다. 운봉영장(운봉의 군사 통솔 무관)과 구례, 곡성, 순창, 옥과, 진안, 장수 등의 원님들이 차례로 집합한다.

『춘향전』은 당시 한양에서 남원으로 이동하는 과정에 있는 장소와 공간들을 현실적·사실적으로 기술하고 있다. 조선의 도로망도 실제로 잘 보여준다. 이러한 지역과 장소에 대한 기술과 언급은 작품의 문학성 자체에 기여하고 있다고 본다.

사랑과 이별, 재회의 장소를 설명하면서 주인공들의 심리도 더 잘 보여준다. 『춘향전』은 많은 우리말과 함께 한문으로 이루어진 시문학을 통하여 일종의 학습서 역할도 했을 것이다. 『춘향전』은 영·정조 시절 현실적이고 사실적인 조선의 역사와 지리도 은근히 살펴볼 수 있는 최고의 문학자료라 하겠다.

우리말 지명을 서양에 소개한 180년 전 지도

　김대건 신부는 한국 최초의 천주교 사제다. 1821년 충남 당진 우강면 송산리 솔뫼마을에서 출생하고, 1846년 9월 16일 서울 용산구 이촌동 새남터에서 25세의 나이로 순교했다.

　김대건 신부는 조선시대 명문 집안의 후손이다. 9대조 김의직은 충청병마절도사를 지냈고 8대조 김수원 통훈대부였다. 8대조 후기에 내포 솔뫼로 이전했으며, 조부 김택현이 천주교 신자로 입신하면서 김대건 집안은 천주교 가문이 되었다. 김대건의 아명은 재복(再福)이었고, 나중에 신앙을 크게 세운다는 뜻으로 대건(大建)이 되었다.

　김대건 신부는 1837년 6월 7일 마카오에 임시 설립된 조선신학교에서 신학생 과정을 시작해 1839년 필리핀 마닐라 인근 롤롬보이, 마카오, 요동반도 백가점(白家店), 상하이 등 여러 곳에서 신학교육을 받았다. 1845년 8월 17일 상하이 김가항성당에서 페레올 주교의 집전으로 조선인 최초로 사제서품을 받았다. 그해 10월 12일 금강 하구 강경포구 인근에 위치한 전북 익산시 망상면 나바위성당에 안착하여 한국인 최초로 사제역을 맡았다. 나바위성당은 일찍이 프랑스 신부들이 중국에서 충남과 전북 등 호서지역 선교를 위해 들어오는 초입이었다.

이렇게 해외 경험을 한 김대건 신부는 기독교 신앙 전파를 위해 독자적으로 조선전도를 연구·제작했다. 1845년 작으로 알려진 김대건 신부의 「조선전도」는 조선 후기 최고의 지도학자였던 정상기(1678~1752)가 제작한 「동국지도(東國地圖)」의 필사본이다. 한성부 서고에 보관돼 있던 지도를 보고 필사했다고 한다. 정상기는 『대동여지도』를 만든 김정호(1804~1866)에게도 많은 영향을 준 인물이다.

김대건 신부의 「조선전도」는 현재 진본과 사본을 포함한 5부의 지도가 프랑스 국립도서관과 미국의 국립문서기록관리청에 소장돼 있다. 프랑스 국립도서관에 보관된 김대건 신부의 「조선전도」는 1851년 신안 비금도에 표류한 프랑스 나르발호 선원들을 구하기 위해 한국에 온 프랑스 외교관 샤를드 몽티니에 의해 입수된 것이다.

김대건의 「조선전도」는 한국의 지도학 발전에 큰 기여를 했다. 정상기의 지도를 바탕으로 하천을 중심으로 지형을 표시하고, 울릉도와 독도를 조선의 영역에 포함시켰다. 그리고 당시 우리말 지명을 모두 영어로 표기했다. 울릉도는 'Ouluengto', 독도는 'Ousan' 등으로 표기했다. 또한 압록강과 두만강을 넘어 인접한 만주 지역을 조선 영토로 선 표시

김대건 신부가 1845년 제작한 것으로 알려진 「조선전도」. 영어로 'Seoul'을 표기한 최초의 지도다. 지도 오른쪽 빨간 동그라미 안쪽이 울릉도와 독도.

를 했다. 특히 이 지도는 당시 수도 한성(漢城)을 '서울', 즉 영어 'Seoul'로 표기한 최초의 지도다. 영어로 지도를 만들어서 조선을 세계에 알리고자 했고, 외국인 선교사들이 조선을 더 편하게 다니도록 배려한 점도 있었을 것이다.

1709년 중국의 강희제는 조선에 사절단을 보내 궁중에 걸려 있던 조선전도를 복사해 오게 했다. 중국에서도 잘 만들어진 조선전도에 큰 관심을 가진 것이다. 김대건 신부는 이 전도를 중심으로 프랑스어로 된 지도를 제작했고, 그 축소판이 1849년 프랑스 지리학회지에 재수록됐다. 김대건 신부는 서양의 세계지도들을 조선에 소개하는 데에도 많은 노력을 기울였다. 신앙에 기초를 두면서도 이를 위한 학문과 과학에도 열정을 다했다.

김대건 신부의 지도에 대한 관심은 먼저 선교를 위해서 외국인 선교사들이 조선의 여러 곳을 누벼야 하므로 선교용 지도의 필요성에서 제기되었을 것으로 추측된다. 전국 지도를 보며 선교 루트의 계획을 세울 수 있었을 것이다. 또한 김대건 신부가 중국의 마카오, 상하이 등지에서 신학교육을 받으면서 필시 세계지도, 중국지도 등을 보게 되었고 당연히 조선지도에도 관심을 갖게 되었을 것이다. 사제교육을 받는 동안 조선을 세계에 알리고 조선 백성들도 역시 넓은 세계를 알도록 신앙과 함께 세계사와 한국의 지리교육을 통해 한국민을 깨우치겠다는 심정도 가졌을 것이다.

그리하여 김대건 신부는 당시의 조선지도를 영어로 만들고자 했을

김대건 신부가 한국인 최초로 신부로서 사제역을 맡았던 익산의 나바위성당. 일찍이 중국을 통해 프랑스 신부들이 충남과 전북 등 호서지역을 선교하는 전초기지였다.

것이다. 청나라 후반에 들어서 가톨릭 선교를 위해 유럽의 많은 신부들이 중국에 왔고, 유럽에서 만든 세계지도를 중국에 소개했다. 중국 자체적으로도 지도 제작에 관심을 가지고 기독교 사제들로부터 배우고자 했다. 당시 이탈리아 선교사 마테오 리치(1552~1610)의 「곤여만국전도」가 중국어판으로 제작돼 반포되었다. 이는 조선지도 연구자들의 지도 제작에도 영향을 미쳤다.

사제 서품 교육에는 성경과 신학 외에도 세계의 여러 언어, 세계의 역사와 지리에 대한 교육이 있었다고 한다. 사제로서 선교에 필수적인 요소들이다. 김대건 신부는 유럽, 특히 프랑스 신부들의 성장지 유럽에 대해 많은 것을 알고 싶어했다. 이를 위해서 세계사, 세계지리, 지도학

바티칸 성 베드로 대성전 외벽에 세워진 김대건 안드레아 신부의 성상. '갓 쓰고 도포 입은' 모습이 눈에 띈다.

과 측량학, 그리고 언어로서 필수어인 라틴어 외에 프랑스어, 중국어, 영어 등을 학습했다. 김대건 신부는 지도를 통해서 세계의 구조를 알고 유럽과 조선의 거리도 인식했다. 지금으로부터 180년 전의 일이다.

   김대건 신부의 일생과 연관된 순례지를 보면 다음과 같다. 탄생지인 솔뫼성지(충남 당진), 최초의 사제 근무지 나바위성당(전북 익산) 그리고 순교지 새남터(서울 이촌동)가 중심이다. 김대건 신부의 활동과 생애 기록이 전시된 절두산성지(서울 합정동)도 있다. 연관된 해외 지역으로 신학교육을 받은 마카오의 성당과 사제 서품을 받은 상하이의 성당이 있다. 2023년 9월 교황청도 김대건 신부의 업적을 높이 인정해 동양인으로는 처음으로 바티칸 궁전에 김대건 신부의 조각상을 세웠다.

　김대건 신부의 집안은 조선시대 전통 있는 명문가였다. 위에서 언급한 것처럼 9대조 김의직이 충청병마절도사로 재직하고 통훈대부를 지낸 8대조 김수원이 솔뫼마을에 이주한 뒤 조부 김택현이 천주교 교도가 되면서 천주교 집안이 되었다. 그 후 가세가 기울었다. 조선 말기 천주교 집안에서 자녀들 이름 항렬에 신앙의 발전을 상징하는 뜻을 많이 실었다고 한다. 대건이란 이름에는 그런 염원이 담겨 있다. 김대건 신부는 당시 서구의 학문을 한국에 받아들이고, 한국을 서구에 알리고자 노력한 인물이다.

남강과 함안의 추억, 1960년대 경남을 보다

필자는 1960년부터 초등학교, 중학교를 거치는 동안 경남 함안에서 성장했다. 먼저 칠원면에 살았다. 칠원은 가야읍의 동쪽에 있는 면이다. 이 칠원면과 칠북면, 칠서면을 합하여 삼칠면이라 불렀는데 원래 삼칠면은 조선시대 칠원현으로 함안군과 분리된 행정구역이었다. 참고로 칠원현은 현재의 마산 남쪽 땅을 월경지로 가졌었다.

칠원초등학교 1학년 때는 우리나라 경제 사정이 열악해 교실에서 책걸상 없이 엎드려서 공부를 했다. 당시를 기억하면 한국의 발전이 얼마나 대단한가를 알 수 있다. 이후 1960년대 어린시절 생활의 거의 모두는 가야읍에서 이루어졌다. 가야라는 지명은 함안 외에도 많다. 삼한과 가야 시대 역사로 부산, 창원, 창녕, 고령, 고성 등에 가야 지명이 남아 있다. 가야읍 말이산 고분군은 함안의 대표적 유적이다. 당시는 가야면

가야읍 말이산 고분군

말산리로 불렸는데 필자의 집도 말산리에 속했다.

당시 우리 국민 대부분이 그리 넉넉하지 못했다. 미국의 구호물자로 강냉이(옥수수)가 배급되었고, 학교에서는 점심 도시락 못 싸는 힘든 학생들에게 강냉이죽 혹은 강냉이빵을 주었다. 개교기념일에는 학교 잔치를 열고 전교생에게 강냉이빵을 나눠주었다. 당시는 즐거운 축제였다. 여름철 논에서 피 뽑기, 메뚜기 잡기, 추수 후 이삭줍기 등으로 어린 학생들도 나름으로 지역경제에 기여했다.

과거 조선시대 함안의 중심지는 현재의 함안면이었다. 그러나 일제 강점기 철도가 가야면을 지나면서 가야면이 성장하기 시작했다. 6·25 전쟁 이후에는 군청과 경찰서 등 주요 군 단위 관공서가 가야면으로 옮겨왔다. 그래도 함안 면민들은 함안면을 여전히 함안읍이라 불렀다. 그

1970년경 함안면과 가야면 지형도(면 경계선 남쪽이 함안면)

러나 당시 가야나 함안은 모두 읍이 아니고 면이었다. 가야면이 성장하면서 1964년 가야면에는 유일한 가야초등학교 외에 아라초등학교가 설립되었다. 함안면에는 조선시대의 중심지답게 향교가 위치해 있다. 한편 우리 마을 뒤편 언덕에 아름다운 성당이 있었다. 동네 아이들도 더러 놀러가던 곳이었다. 아이들은 성당의 분위기대로 조용히 놀았

1960년대 함안 가야장터

다. 1960년인가 함안 최초로 성당에서 유치원을 만들었는데 이미 초등학교에 들어간 필자는 다니지 못했다.

 조선시대에 가야면은 함안면에 비해 저습지가 많아서 살기 힘든 곳이었다. 가야면은 남강의 지류인 함안천을 끼고 있고, 칠원면은 낙동강의 지류인 광려천을 끼고 있다. 남쪽의 함안면과 여항면은 함안에서 가장 높은 남쪽의 여항산 쪽으로 들어가 있어 상대적으로 고도가 높다.

 당시 함안천의 상류나 중류의 자갈하상과 모래하상은 물이 깨끗해 멱도 감고, 물고기도 잡았다. 작은 웅덩이에서는 독풀을 풀어 물고기를 기절시켜 잡기도 했고, 어른들은 낚시나 그물을 이용해 잡았다. 어른들은 잡은 고기를 더러 그 자리에서 회를 쳐서 먹기도 했는데, 디스토

마에 걸리는 경우도 많았다. 늪지대의 뻘이 조금 말라 물렁해지면 학교 미술시간에 공작용 재료가 되었다.

한편 함안에는 철광석, 구리, 고령토 등 광산이 발달했다. 1971년 국가 광산 생산 실적표에 따르면, 동광 생산 국내 1위가 함안 군북으로 생산량은 5,551t이었다. 함안 법수는 고령토 생산에서 국내 4위로 생산량은 7,850t이었다.

그 넓은 습지대가 마을과 농경지 확장과 도로 건설 등으로 개발되면서 함안에는 제방, 배수로, 배수장, 유수지 등 관리시설이 많아졌다. 특히 남강이 자주 범람하기 때문에 매우 많은 제방이 건설됐다. 남강 수위가 올라가면 함안 들의 물은 빠져나갈 길이 없어 흥건히 잠긴다. 집중호우 때면 제방이 터질까 봐 걱정이 많았고, 더러 제방이 터지곤 하여 농경지가 물바다가 되기도 했다.

국가 공식지도에 '한바다'라는 지명이 있다. 원래 넓은 밭을 가리키는 '한밭'이 가끔 한바다로 불리다가 '한바다'로 되었다. 홍수가 나면 그대로 물바다로 변했는데 말산리에서 검암리까지 나룻배가 다녔을 정도다. 당연히 많은 둑방을 건설하면서 현재 그 총길이는 338km에 달한다. 시군 단위에서는 전국 최고가 아닌가 한다. 남강, 낙동강 변은 물론 함안천, 신음천, 검암천 등 크고 작은 거의 모든 하천에 둑방을 조성했다. 특히 법수면 악양둑방길은 꽃길을 조성해 전국적인 관광지로 알려져 있다. 이제는 남강댐이 범람 수위가 되면 인공수로인 가화천을 통해서 사천만으로 직접 물을 빼 홍수 피해가 거의 사라졌다.

남강 악양둑방길과 꽃밭 조성지

　농사가 불리한 평지는 소와 말, 염소 등의 목장으로 이용되었다. 지도에는 '마구들'이 나온다. 방목장이다. 1960년대 중반 당시 우유 없던 시절 염소유가 공급되었다. 고급 음료였다. 가야 충무동에서 도항리로 넘어가는 고개를 방목고개라 했다. 지금도 방목1길 등 도로주소로 남아 있다. 필자의 기억에 1960년대 방목이 들어간 상호가 더러 있었던 것 같다. 오늘날 함안의 승마공원도 이와 연관이 있을 것이다. 저습지가 많으니 쌀농사 외에 연뿌리, 미나리 농사도 성했다. 마름이라 하여 물에서 건져올려 삶으면 밤 같은 맛이 나는 물속 열매도 있었다.
　함안에서도 강화와 같은 화문석을 만들었다. 고급 바닥 깔개였다. 골, 큰 것은 왕골이라 하여 삼각형의 줄기를 가지는 습지형 줄기 식물의 껍질을 벗겨서 흰 속살를 말린 다음 방석 등 다양한 화문석을 만들었다. 강가의 모래 땅에는 땅콩도 심었다. 지금 보면 소규모이지만 참으로 다양한 작물들을 재배했다.

함안은 남쪽이라 이모작이 가능했다. 겨울과 봄에는 보리농사가 성했다. 당시 영남의 보리는 겉보리라 하여 껍질이 단단한 보리를 재배했는데 매우 껄끄러운 보리밥으로 만들어졌다. 하지만 이 보리밥도 건너뛰는 사람들이 있었다. 겨울이 다가오면 서릿발이 끼이지 않도록 학생들이 단체로 보리밟기에 동원됐다. 일렬로 기차놀이 하듯이 밟고 나갔다. 봄철 보리를 수확하고 나서 바로 물을 대고 쌀농사 모내기를 했다. 주민들은 보리밥이 너무 잦아 질린다 싶으면 보리 대신에 콩나물, 무,

경비행장이 건설되기 전의 함안 대산면 남강 악양습지 모습

고구마, 감자 등을 혼합하기도 했다. 함안을 포함한 전국적인 현상이었다. 1960년대 당시에도 유명했고 지금도 여전한 명품으로 내려오는 것으로 파수 곶감, 월촌 수박이 있다.

  함안은 따뜻한 지역이었으므로 탱자나무도 많았다. 1922년에 개교한 가야초등학교 울타리는 거의 모두 탱자나무로 이루어져 있었다. 겨울철 교실 난로 땔감으로 탱자나무의 마른 가지 부스러기도 모아 사용했다. 학교 교정에는 은행나무, 오동나무가 있었고, 낡았지만 일제강점기의 교실 건물이 그대로 있었다.

  함안은 습지의 고장이었다. 세월이 지나면서 개발로 많은 습지들이 사라졌지만, 일부는 보호구역으로 보존되고 있다. 강변 습지에 조성된 함안의 경비행장도 볼만하다.

도라산 땅 한가운데 포로수용소가 있었다

2025년은 6·25 발발 75주년이 되는 해다. 당시 남과 북은 3년간 치열하게 전투를 벌였고, 미군을 비롯한 많은 유엔군과 북측의 소련 및 중공군이 참전했다. 특히 중공군의 참여는 심각하고 치열했다. 한국전쟁과 연관된 지도들이 많지만, 그중 5점의 지도를 통해 전쟁의 진행과정을 간단히 살펴보겠다.

첫 지도는 이중근 부영그룹 회장이 만든 「북진도」다. 1950년 6월 25일 전쟁이 발발하고 북한군에 의해 파죽지세로 남한이 잠식되면서 국군은 9월 15일 낙동강 전선으로 밀렸고, 이후 유엔군의 도움으로 북진을 시작했다. 9월 28일 서울을 수복하고 9월 30일에는 38선을 통과했다. 10월 19일에는 평양을 넘어 북진했고, 10월 24일에는 압록강 변에 도달했다. 그 후 중공군이 참여해 인해전술로 국군과 유엔군이 밀리면

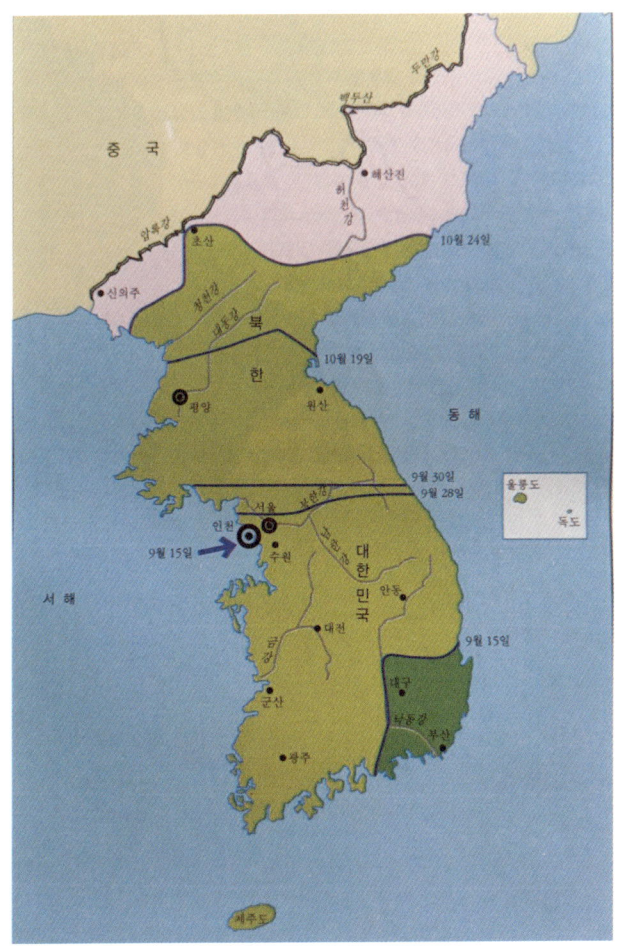

「북진도」(이중근, 2014)

서 현재의 휴전선으로 고정됐다. 이 지도에는 이런 내용이 일목요연하게 정리돼 있다.

두 번째 지도는 북한의 「남침계획도」(자료 재인용 김성보 외)다. 이 지도

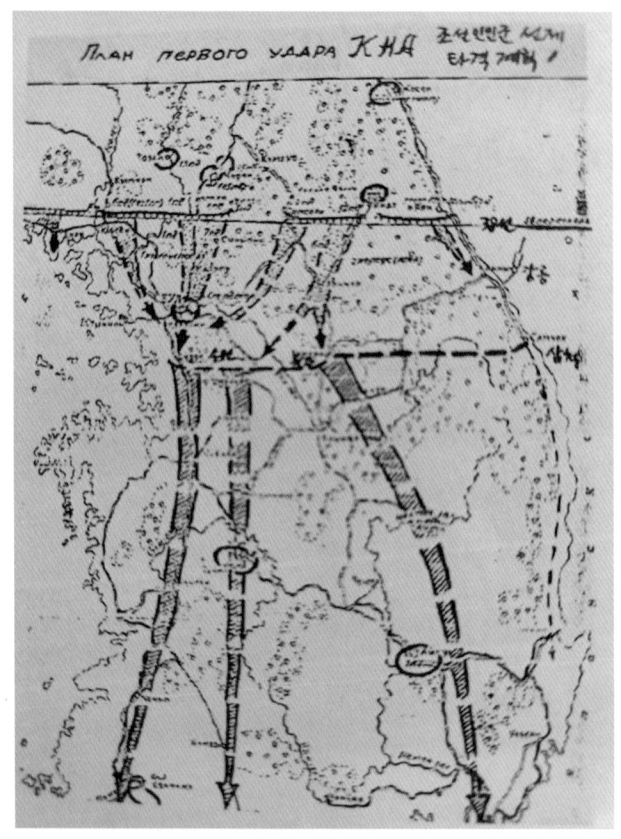

북한의 「남침계획도」. 북한의 남한 선제 타격 계획을 잘 보여준다. 지도 상단에는 러시아어 제목과 함께 '조선인민군 선제 타격 계획'이라는 손글씨가 보인다.

는 북한의 남한 선제 타격 계획을 보여준다. 러시아어 제목과 함께 '조선인민군 선제 타격 계획!'이라는 손글씨 제목이 달려 있다. 대략 삼척 위도까지 서울과 경기도, 강원도 서부에 걸쳐서 1단계 공격을 잡고, 남쪽으로 호남과 영남까지의 대형 공격노선을 표시하고 있다.

인천상륙작전 후 김포로 이동 중인 맥아더 장군과 미 해병대원들

북한은 1948년 조선인민군을 창설했고, 이후 소련과 중국의 동의를 얻어 남침 계획을 수립했다. 당시 한국과 미국은 이 정보를 어느 정도 파악했는지 어떤 대책을 세웠는지 여러 자료들이 나와 있지만 결국 속수무책으로 38선이 함락되고 3년간 전쟁을 치렀다.

우리를 도운 혈맹 에티오피아군의 '전투 상황도'도 흥미롭다. 이 지도에는 강원도 철원군과 화천군 사이에 있는 적근산(1,071m) 지역에서의 전투 모습이 생생히 기록돼 있다. '클리버 작전'으로 불린 이 전투는 1951년 8월 9일에서 9월 14일까지 지속되었는데 에티오피아군 제1진인 강뉴 대대가 미군 7사단에 배속돼 중동부 전선 적근산과 삼현 부근, 단장의 능선 및 펀치볼 부근에서 활동했다.

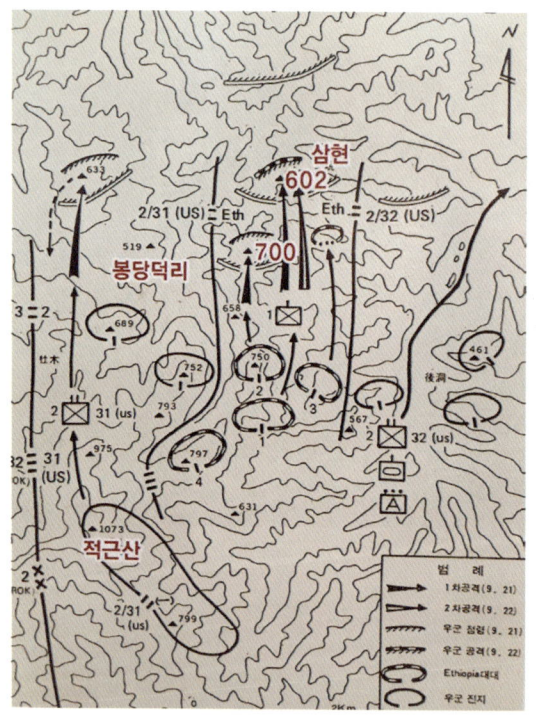

「에티오피아군 전투 상황도」(춘천 에티오피아 한국전참전기념관 자료)

에티오피아 참전군은 1951년 8월 12일 적근산 전방 797고지 서북쪽 봉당덕리 부근에서 중공군과 최초로 교전을 벌였다. 8월 15일 4시간의 치열한 격전 끝에 중공군을 물리치고 18회의 정찰과 탐색전을 실시해 탁월한 전과를 거뒀다. 에티오피아군은 3,518명이 참전해 전사 121명, 부상 536명의 사상자를 냈다. 253전 253승을 이루었다고 전해진다. 참전 대대명인 '강뉴(Kangnew)'는 '혼란을 바로 세운다'는 뜻이라 한다. 에티오피아는 전쟁이 끝난 후에도 1956년까지 한국의 전후 복구 사업과 고아원 운영 등에 많은 도움을 주었다.

「장진호 전투 상황도」(자료 재인용 이용규)는 1950년 12월 장진호 전투에서 중공군에 포위된 미국 해병대들이 이곳을 힘겹게 벗어나는 군사 작전도의 사례를 보여준다. 미국 해병 1사단은 유엔군 북진 정책에 맞춰 원산에 상륙해 장진호로 북진했다. 11월 27일 이곳에 잠복한 중공군 9병단이 포위 공격을 감행했고, 결국 황초령을 넘어서 12월 11일 흥

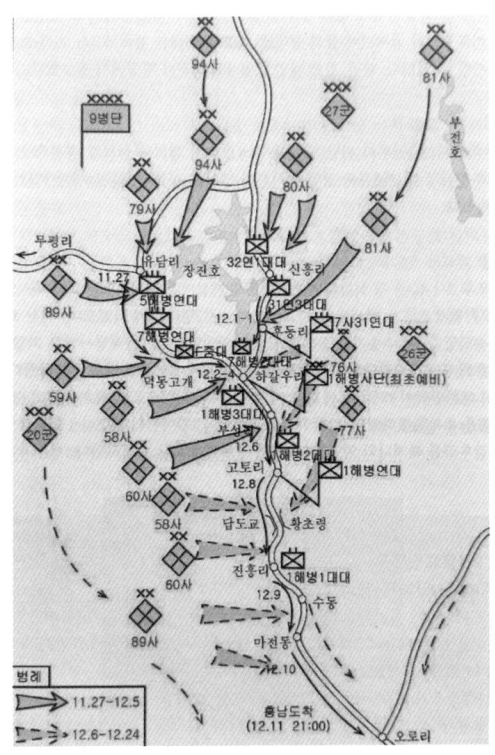

「장진호 전투 상황도」

장진호 전투 중 중공군 저지선을 뚫고 이동하는 미 해병대

남에 무사히 도착한다.

황초령은 함경산맥 능선에 속한 고개로 개마고원과 동해안 지역을 나누는 중요한 고개이며 장진호 호수와 발전소에 인접해 있다. 치열한 전투로 잘 알려진 장진호 전투는 1950년 11월 26일에서 12월 11일까지 치러졌다.

마지막으로 살펴볼 「판문점 포로수용소 지도」는 휴전이 이뤄지면서 판문점 일대의 일시적 시설을 보여준다(자료 재인용 임종업). 남북 간 담판이 이뤄진 판문점과 유엔군사령부, 인도군 캠프와 함께 거대한 임시 포로수용소가 담고 있는 일시적이고 희귀한 지도다.

지도 중앙에 크게 표시된 지역은 1953년 9월 10일부터 1954년 2월 18일까지 포로 2만 8000명이 5개월간 거주한 공간이었고, 지금은 완

1953년 휴전협정 당시 판문점 인근 상황을 보여주는 「판문점 포로수용소 지도」

전히 철거된 시설들로 판문점 바로 아래 도라산 지역의 개활지에 만들어졌었다. 이 지도는 6·25 전쟁이 휴전에 들어갔음을 보여준다. 지도는 현재 파주시 중앙도서관에 보관되어 있다.

영도의 지명 곳곳에 묻어나는 부산 성장의 역사

부산 영도는 영도다리, 태종대, 봉래산으로 잘 알려져 있다. 면적은 14.13km²인데 2000년 13.95km²에서 매립으로 0.18km² 늘어났다. 인구는 2024년 10만 6108명이었다. 2013년 13만 5816명에서 꾸준히 줄어들고 있다. 부산 구도심 인구 감소의 영향으로 보인다. 10만 명은 유지했으면 하는 바람이다.

영도(影島)라는 지명의 어원은 절영도(絶影島)다. 명마들이 빨라서 그림자가 보이지 않는다는 뜻이다. 조선시대 지도에서는 거의 절영(絶影), 절영도(絶影島)로 나온다. 국가에서 운영하는 마장이 있어서 목도(牧島), 목지도(牧之島)로도 불렸다. 조선 후기 영도로 부르면서 그림자 섬이 되었다. 1960년경 부산 해도에는 봉래산이 목도산(牧嶋山)으로 표기되어 있다. 영도가 목도(牧嶋)로도 불리고 있었던 것은 아닌가 한다.

구봉산에서 바라본 부산 영도

　아무튼 이들 지명은 모두 목마장과 연관된다. 영도 목마장 기록은 신라 성덕왕과 김유신 장군의 기록에서 처음 보인다. 당시 조정과 진골 귀족들이 마장을 운영했다. 명마는 군사와 운송 용도는 물론, 귀족의 자존을 보여주는 것이었다. 고려시대에는 영도를 제주 말의 임시 거처로 삼고 군사 훈련에 임하기도 했다.

　영도의 지형은 내륙에서 두드러져 보이는 봉래산(395m), 남쪽 동삼동의 진후산(150m), 태종대 해안의 태종산(252m) 등 세 산체가 주축을 이룬다. 해안에는 해식애, 간석지와 평야, 자갈해안 등이 펼쳐진다. 경사가 완만한 섬의 북쪽은 부산 도심과 연계되면서 도시화가 잘 되어 있다. 남쪽으로 갈수록 산지와 식생이 잘 남아 있는 편이다. 영도는 남서-북동 방향으로 길게 자리를 잡아 부산항의 천연 방파제 기능을 한다. 그 징표로 영도의 서부 해안은 파도에 의해 침식된 해식애와 좁은 자갈해안들이 발달해 있다.

광복되면서 부산 인구는 급격히 증가했다. 일본에서 귀국한 사람들과 6·25전쟁으로 남하한 북한 사람들의 영향이 컸다. 급격한 인구와 인구밀도 증가로 부산에는 큰 화재가 많았다. 부산이 아니라 불산이라고도 했는데 이름에 가마솥(釜)이 있어 이런 우스개 말들이 통했다. 전국적으로 알려진 유명한 화재 사건들로는 국제시장 화재(1953년 1월), 부산역 앞 화재(1953년 11월), 용두산과 영주동 피난민촌 화재(1953년 12월) 등이 대표적이다. 영도는 피난민과 화재 재난민들의 입주처였다.

영도는 부산 중심지에 인접한 주요 주거지 기능을 해왔다. 영도의 항만 부근에는 조선업, 선박 수리와 장비 관련 업체가 집중했다. 항만 관련 창고업도 성행했다.

일제강점기인 1924년 도청이 진주에서 부산으로 이전하면서 많은 경남인들이 부산으로 모였다. 부산은 산업과 학업의 중심지였다. 1960년대 부산은 선박과 해양, 합판, 신발 산업 등이 전국적으로 명성을 날렸다. 당연히 많은 부산 사람들이 어업과 해운업에 종사했다. 현대 한국 조선공업은 부산이 기원이다. 1930년대 조선중공업과 해방 이후 대한조선공사가 이를 주도했다. 1960년대와 1970년대 북태평양 명태나 남태평양 참치잡이 등으로 원양업 종사자도 많았다. 영도는 이를 위한 공단과 주거지를 제공했다.

해양 수산사업이 많은 부산은 안전을 하늘과 신선에 기원할 일이 많았다. 특히 영도의 동이름에는 신선사상(神仙思想)이 많이 반영되어 있다. 봉래동(蓬萊洞), 신선동(神仙洞), 영선동(瀛仙洞), 청학동(靑鶴洞)이 그

1880년대 개항 초기 부산항. 바다 건너 보이는 산이 영도다.

1966년 마지막으로 들어올려진 옛 영도대교. 2013년 새로 확장된 영도대교가 놓여져 매주 토요일마다 도개가 이루어진다.

러하다. 상대적으로 대평동(大平洞), 남항동(南港洞), 대교동(大橋洞)은 개항 이후 간척과 매립, 항만 건설, 영도대교 설립에서 유래하는, 현대화를 상징하는 동명들이다. 이처럼 영도의 지명에는 신선사상과 현대화가 함께 반영되어 있다.

섬 동쪽에는 상리, 중리, 하리 등 세 마을이 있다 해서 붙여진 동삼동(東三洞)이 있다. 동삼동은 영도 면적의 57%, 인구의 40%를 가지고 있다. 하지만 여전히 상대적으로 인구밀도가 낮다. 중리 지명은 여전히 남아 있다. 영도에 인구와 시설이 밀집하면서 도심에서 멀어 상대적으로 자연지형과 농지를 많이 가지고 있던 동삼동이 도시화되고 있다. 교육시설만 보아도 초등학교 6개, 중학교 3개, 고등학교 5개, 대학 캠퍼스 3개가 들어섰다. 이제 동삼동은 교육마을로 자리 잡고 있다.

봉래산은 영도에서 중심적 지형 요소다. 고갈산으로도 불렸다. 봉래산의 산신 '고갈 할매'가 영도 주민들의 바닷가 안전과 살림살이 등을 보살핀다는 것이다. 봉래산을 중심으로 복천사를 비롯해 약 30여 개의 사찰들이 밀집해 있다. 2013년 자료를 보면 부산에 대략 500명의 해녀들이 있었고, 그 중에서 150명이 영도에 살았다.

영선동과 동삼동에서 태종대에 이르는 바닷가에서는 다양한 해산물 채취가 이루어졌었다. 더러는 영도를 작은 제주라고 했다. 바다 건너 해수욕장이 있는 송도에서 바라보는 영도 해안길을 제2송도, 즉 이송도(二松島)라 불렀다. 여기서 해녀들의 물질과 해변 노상판매가 이루어졌다. 현재의 영도 해녀촌과 해녀문화전시관이 그 역사를 기념한다.

1970년 부산항 해도

영도에는 해운과 수산에 관련된 대학교, 연구소, 연구원, 박물관 등도 몰려 있다. 한국해양연구원, 한국해양과학기술원, 국립해양조사원, 한국해양수산연구원, 한국조선해양기자재연구원, 해양환경교육원, 국립해양박물관, 해녀문화전시관, 국립수산물품질관리원, 한국해양대학교, 부산해사고등학교 등이 자리잡고 있다. 해양수산부도 조만간 부산으로 이전할 계획이라고 한다.

일본에 통신사로 다녀온 조선시대 영조 때의 문신 조엄은 1764년 대마도에서 가져온 고구마를 영도에서 최초로 재배했다. 고구마 재배가 성공해 전국으로 확대되고 고구마는 쌀, 보리, 감자와 함께 주작물로 자리잡았다. 영도의 고구마를 조엄과 연관해 '조내기고구마'라 하고, 조내기마을도 있었다. 근래 조내기고구마 역사기념관도 만들어졌다.

부산은 임진왜란의 시작지였다. 1592년 4월 13일 오후 5시경 가덕도 응봉의 연대봉(煙臺峰)에서 조선 관찰군이 왜군들의 부산포 접근을 최초로 발견하고 보고했다. 부산첨사 정발도 13일 오후 절영도에서 사냥을 하면서 왜선들을 발견했다. 조공선으로 알고 느긋하게 있다가 왜선의 조총 소리에 놀라 대피했다고 한다.

이순신 장군의 『난중일기』에 의하면 영남우수사 원균의 통지문에 1592년 4월 15일 왜선 90여 척이 절영도 해안에 정박했고, 경상좌수사 박홍의 공문서에는 왜선 350척이 이미 절영도 건너 부산포에 정박했다고 한다. 4월 16일 원균은 부산진이 이미 함락되었다고 보고했다.

영도의 최고 명승지는 역시 태종대다. 멀리 대마도까지 보인다. 조선

영도 태종대의 해식애와 해안단구

3대 임금 태종이 다녀간 곳이다. 해식애 절벽, 해안단구, 파랑과 남해안 전망이 빛난다. 해식애에는 자살바위로 불리는 곳도 있다. 인근에는 인명을 구한다는 사찰 구명사(求命寺)가 있다. 태종대 외에도 봉래산, 송남사 등 영도의 많은 곳에서 바다와 해안을 전망할 수 있다. 대마도가 우리 땅 아닌 것이 아쉽다.

거제의 영등포와 서울의 영등포

영등포(永登浦)는 조선시대 이후 두 곳에 있었다. 거제도 영등포와 서울 영등포가 그것이다. 둘을 비교하면 지금은 희미하게 흔적만 남은 거제 영등포의 역사가 더 길다. 그 외에 '영등'이 들어간 지명에는 『대동여지도』의 괴산에 있는 영등산(永登山) 정도가 있다.

우선, 거제 영등포는 『세종실록지리지』에서 언급되고, 이순신 장군의 『난중일기』에 자주 등장한다. 김정호의 『대동여지도』에도 나온다. 이를 보면 거제 영등포는 조선시대 최소 400년간 거제의 주요 읍치와 군사 진영이었다.

거제 영등포는 역사적으로 장목 영등포와 견내량 영등포 두 곳에 있었다. 영등포에 군사진영으로 진(鎭)을 두었는데 임진왜란 당시에는 장목에 두었고, 임진왜란 이후에는 견내량 덕포로 이름과 함께 진을 옮겼

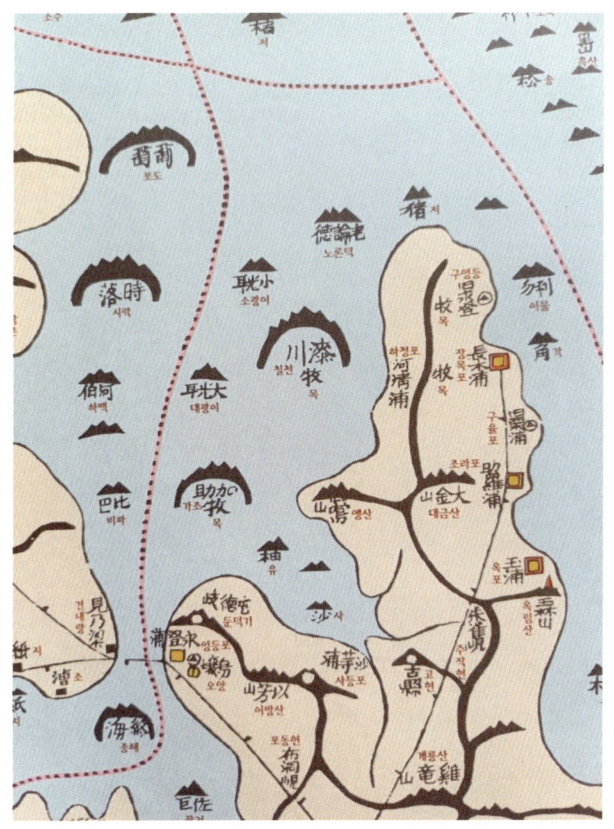

『대동여지도』에 표기된 견내량 영등포. 북쪽 장목 영등포는 '구영등'으로 표기돼 있다.

다. 그러면서 장목 영등포는 사라졌지만 오늘날 행정지명에 그 흔적이 남아 있다. 거제 영등포는 거의 조선 말기까지 존속됐다.

가장 오래된 영등포에 대해 『세종실록지리지』에서는 "진산(鎭山) 국사당산(國師堂山) 북쪽으로 영등포(永登浦)에 이르기 45리"로 기록하고 있다. 현재 위치가 거제시 장목면 구영리(舊永里)에 해당한다. 거제도의 가장 북쪽 해변이다. 장목 영등포는 『난중일기』에서 25차례나 언급되었다. 거제도 전체가 임란에서 중요했지만 영등포는 특히 위치적으로 중요한 군사적 요지였다. 영등포에서 바로 건너 내륙 해안에는 군사 중심지인 진해(현재 창원 진동면)와 웅천(현재 창원 진해구)이 있고, 동쪽으로는 가덕도와 부산진, 서쪽으로는 고성과 사천이 있다. 영등포는 임진왜란 당시 거점 진영이었던 것이다.

임진왜란 이후 장목 영등포는 거제의 서단에 있는 견내량의 덕포(현재 학산리)로 옮겼다. 견내량에 대한 군사적, 행정적 중요성이 높아졌기 때문일 것이다. 견내량 영등포는 서쪽 통영 중심지 세병관과 매우 가까운 곳이다.

장목 영등포는 공식적으로 옛 영등포를 의미하는 구영등(舊永登)으로 지명이 바뀐다. 이것이 더 줄어서 구영(舊永)이 되고 현재 행정명으로 구영리, 구영마을로 불린다. 포구는 구영항(舊永港)이 되었다. 인근 대봉산에는 구영등성(舊永登城)으로 불리는 옛 성터가 있다. 구영리 해변은 구영해변, 구영해수욕장이란 이름이 붙었다. 견내량 영등포는 임진왜란 이후 군사활동이 줄어들면서 이름 자체가 사라지고 행정지명으로도 남아 있지 않다.

서울과 거제의 영등포 지명 어원을 살펴보면 가장 많이 언급되는 것이 영등제(靈登祭)와 관련된 것이다. 영등제는 지역과 백성의 안전을 위해 신령에게 기원하면서 등을 달고 제를 올리는 행사다. 영등을 올리는 해안이나 강가의 장소를 영등포라 했다. 이 영등(靈登)에서 복잡한 한자 영(靈)을 쓰기 쉬운 영(永)으로 단순히 바꿨다는 것이다.

바다는 바람의 영향이 크기 때문에 바람신에게 안전을 빌었다. 거제 영등포의 시작이다. 『난중일기』 속 영등포는 최초의 영등포인 거제 장목을 가리킨다. 『난중일기』에는 영등포의 행정과 군사 책임자로 만호 우치적(禹致績)과 후임 조계종(趙繼宗)이 자주 등장하는데 이들은 이순신 장군과 상의하고 명령에 따라 최전선 방어의 임무를 수행했다.

우치적은 견내량 승리 후에 순천부사로 영전한다. 장목 영등포에는 왜적이 들어와 해안에 정박하기도 했다. 거제에는 왜성 흔적이 4곳이 있다. 당시 옥포해전과 영등포해전에서 이순신 장군은 크게 승전했다. 이순신 장군이 중요 요지로 여기며 이곳을 매우 중시했던 결과다. 그리하여 한산대전과 노량대전 승리에도 영향을 주었던 것으로 본다. 현재 장목면 구영리는 해안 절경을 바라보는 관광지로 빌라와 호텔, 요양마을 등이 발달하고 있다.

서울 영등포는 『대동여지도』 한양 도성지도인 「경조오부도(京兆五部圖)」에 '英登浦'로 표기되어 있다. 이를 보면 서울 영등포의 연원도 최소 300년은 될 것으로 본다. 조선시대 영등포 지역은 큰 마을이 아니라 습지와 나대지가 많았던 시골 마을로, 건너편 여의도와 연결되는 샛강의 작은 나루터 마을이었다.

이 지역은 아마도 영등제를 지내는 포구로 한양 도성에 가까우니 나름의 존재 가치가 있었을 것이다. 조선 후기에 개방이 시작돼 인천항의 기능이 중요해지면서 영등포는 한양과 연결되는 교통로의 주요 역참

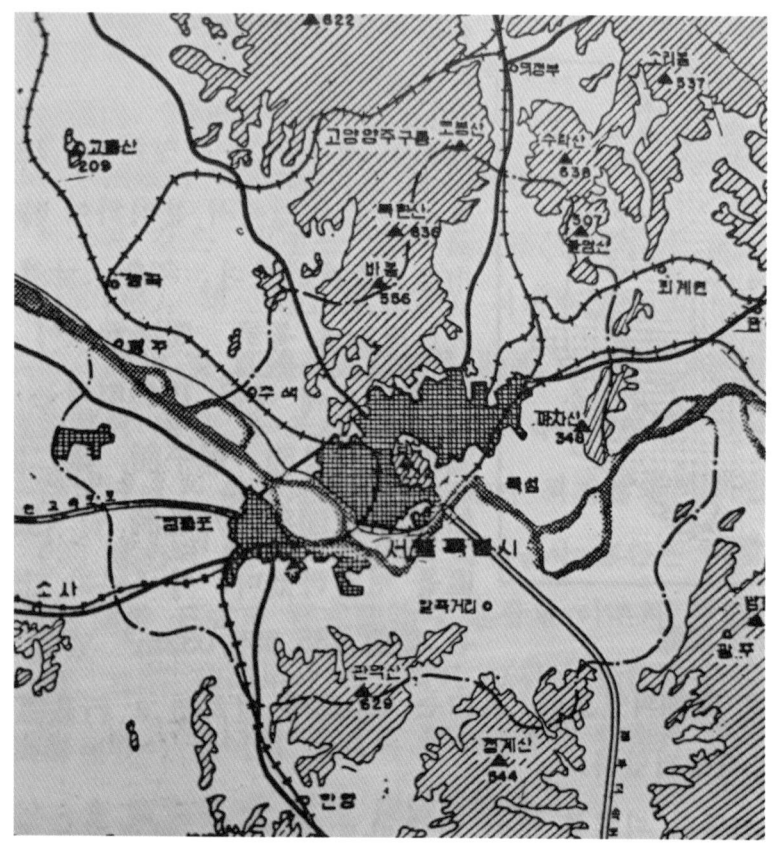

1950년대 서울 지도. 한강 이남은 거의 영등포 지역만 도심을 이루고 있다.

이 되었다. 일제강점기에는 경인가도와 함께 경인선, 경부선 철도가 이곳을 통과하면서 일약 한강 이남 서울의 최대 도시로 발전했다.

1960년대 한국 경제의 비약적 발전으로 전국에 공업지대가 많이 만들어지는데, 그중에서도 경인공업지대의 규모가 가장 컸다. 인천항에서 서울 영등포에 이르는 구역이다. 전국에서 서울로 인구가 집중하고

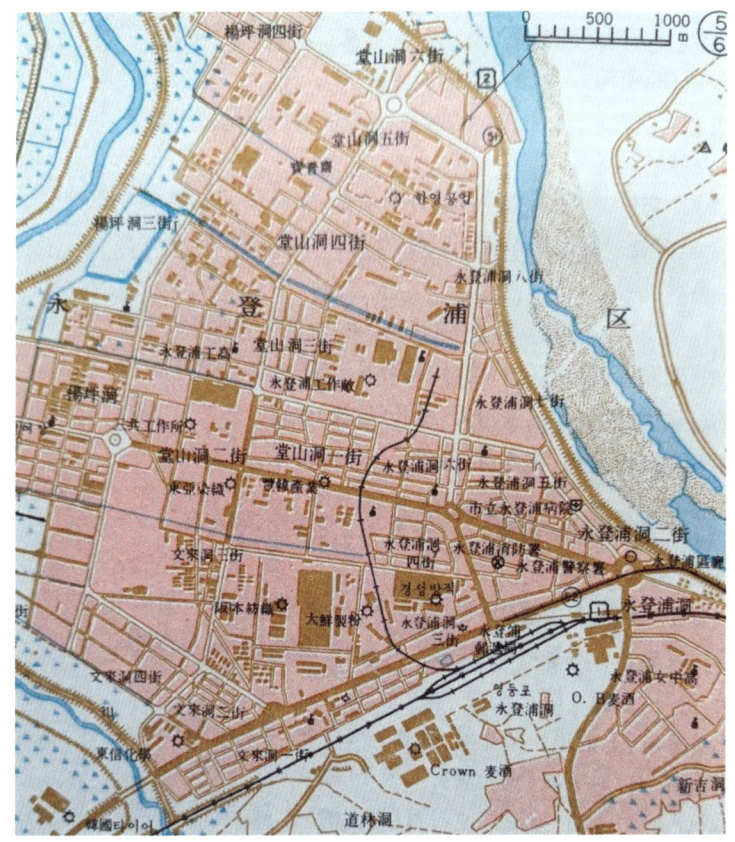

1960년대 영등포 도심도

한국 경제가 급성장하다 보니, 국민들은 영등포를 포함한 경인공업지대를 보고 '한강의 기적'이라고 했다.

1960년대 영등포 지도는 당시의 상황을 잘 보여준다. 당시 영등포동을 중심으로 문래동, 당산동, 양평동, 도림동 등이 중심이 되어 있다. 제조공장들이 면적을 가장 많이 차지하고 있다. 지도상에도 대규모 공장으로 경성방직, 동아염직, 동신화학, 대선제분, 판본방직, 한국타이어, 영등포공작창, 삼공공작소, 크라운맥주, 오비맥주 등이 보인다.

당시 발전한 영등포는 서울 중심지인 종로, 명동과 경쟁을 이루는 듯했다. 서울이 발전해 규모가 커지고 한강 이남에 대한 개발 계획들이 만들어지면서 한강 이남 지역을 영동(永東)지구라 했다. '영등포 동쪽'이라는 뜻이다. 현재는 관악구, 서초구, 강남구, 송파구, 강동구 등으로 발전하면서 영동이라는 용어는 현재 거의 사용되지 않는다. 초기 서울시의 영동지구토지구획 사업 시 만들어진 영동교회, 영동고교, 영동대교 등에 영동 용어가 일부 남아 있다.

서울의 인구가 늘고 3차 산업이 발전하면서 기존의 영등포 공업단지의 공장들이 보다 남쪽인 경기도, 충청도 등으로 옮겨가, 현재는 주거지와 상업·서비스지역으로 변모했다. 당시 서울 강북에 있던 대규모 공장들도 마찬가지로 지역 이전을 했다. 공업 중심지로 인구 밀집을 겪은 영등포구는 도심 내에는 공원과 같은 열린 공간이 거의 없다.

다만 한강변 양화한강공원과 안양천 변의 양평누리공원, 샛강생태공원 등이 그 기능을 대신한다. 영등포역은 지금도 이 지역의 중심으로 백화점과 다수의 상가와 서비스 산업이 발달하고 있다. 1960년대 이후 영등포를 주제로 많은 가요와 영화가 나왔다. 영화와 노래가 된 '영등포의 밤'은 화려했다. 다만 영등포에 대한 조선 중·후기의 역사적 기록을 찾기가 어려워 아쉬움이 남는다.

한국 목장의 역사지리

예로부터 농업과 함께 목축은 국가와 백성에게 중요했다. 삼국시대와 고려시대의 목축 기록도 조금이나마 남아 있다. 통일신라시대 기록인 '신라촌락문서(新羅村落文書)'에는 청주권 네 마을 43가구에서 소 53두, 말 61두를 키운다고 나온다.

『고려사(高麗史)』「지리지(地理志)」에는 탐라현에 있던 제주 목장이 나온다. 고려 원종 11년(1270)에 삼별초가 원나라 지배에 항거하여 탐라에서 난을 일으켰고, 4년 후 김방경이 이를 토벌했다. 그 결과, 고려는 다시 원나라의 지배하에 들어가고, 충렬왕 3년(1277)에 원나라는 몽고 말 160마리를 제주로 들여와 그들의 목마장으로 삼았다. 충렬왕 21년(1295)에 탐라를 돌려받아 1300년부터 고려 조정의 말을 길렀다. 제주도는 안전하고 평탄한 넓은 초지가 있어 목장지로 안성맞춤이었다.

조선 세종은 제주 해안변의 주민과 목마 간 충돌을 피하기 위해 한라산을 중심으로 둥글게 성을 쌓아 10개소의 목장을 유지했다. 주민들은 이를 '잣성'이라 불렀다. 고도에 따라 하잣(15~250m), 중잣(350~400m), 상잣(450~600m)으로 나뉘는데 상잣과 하잣 사이의 공간에서 말들을 키웠다. 상잣은 고도가 높으면 추운 날씨에 위험하고 먹이도 부족하니 말들이 더 이상 못 올라가게 하였다. 『대동여지도』에는 하잣 경계선을 비롯해 목장 위치 10곳이 표시돼 있다. 지금도 돌담 잣성을 잣, 잣담으로도 부른다. 잣성은 현재도 상당 부분 남아 있다.

2023년 현재 제주의 상업적 목장은 7개 내외로, 여러 곳에 분산된 방목지 및 승마장 4~5곳이 있다. 2001년 발행 지도에 표기된 목장은 15개에 이른다. 개별목장, 학교목장, 협업목장 등 다양한 명칭을 달고 있다. 1980년대 초기에는 목장 수가 120개를 넘었고 소, 말, 돼지, 염소, 양 등이 방목됐다.

『조선왕조실록』과 『동국여지승람』 등에도 목장 기록이 다수 나온다. 조선시대에 목축은 '6축'이라 하여 소, 말, 양, 돼지, 닭, 개를 중시했다. 목축은 개인 집안에서도 이뤄졌지만 대규모 면적의 목장은 조정, 지방관리, 부유층에 의해 유지됐다.

우선, 한양 십리 뚝섬에서는 임금을 위한 군마를 기르면서 군사 훈련, 왕의 행차와 사냥, 무예 관찰 등을 시행해왔다. 당시 뚝섬 마장의 모습을 그린 「진헌마정색도」는 이를 잘 보여준다. '정색(正色)'은 말의 색깔을 그대로 표현한다는 뜻이다.

뚝섬 마장의 모습을 그린 「진헌마정색도」

역사적으로 유명한 목장으로는 제주도와 부산 영도 목장이 있다. 섬 외에도 곶(串)과 같은 좁고 길게 바다로 뻗은 지역에서도 말을 많이 길렀다. 조선시대 포항 장기곶 목장과 서산 대산목장이 좋은 사례다.

경남 함안 군지와 지도를 보면 방목이 이루어졌음을 볼 수 있고 현재까지도 연관 지명이 남아 있다. 함안군 가야읍 동북부 지역 일대의 버려진 초지 '한밭들', 홍수 시 물에 잠기는 '둘안습지'가 언급된다. 홍수가 들면 습지가 되어 농사가 불리해 평상시에도 방목을 했다. 옛 함안 지리지 『함주지(咸州誌)』에 방목촌, 수우방목, 방목시장 등이 기록돼 있다. 세조 7년(1461)에 오키나와에서 암물소 2마리를 수입해 길렀고, 연산군 8년(1502) 늘어난 물소들을 경상도와 전라도에 나눠줬다는 기록도 있다. 가야읍 도항리와 충무동 경계 고개를 지금도 방목고개(放牧峴)라고 부른다. 주로 소와 염소를 풀어서 길렀다.

조선 세종 8년(1426)에는 서산 대산 지역(현 대산읍)에 다리곶·흥양·토진·맹곶 등에 흩어져 있던 목장들을 통합해 대형 목장을 조성했다. 대산은 완만한 지형에 물과 풀이 풍족해 목장지로 적절했다. 1619년(광해 11년) 서산의 선비 현여현(韓汝賢)이 지은 사찬읍지(私撰邑誌)인 『호산록(湖山錄)』에 대산목장이 기록되어 있다.

선조 때 대산목장에 감목관(監牧官) 1명을 두었다. 한때 목자(牧者)가 100명에 이르고 사수(射手)도 많아 호랑이가 목장에 들어오면 몰아내거나 잡았다. 일부 불량한 목자는 나쁜 무리와 결탁해 말들은 잡아먹거나 판매했다. 동네 주민들도 함께 좋아했다. 대산목장을 둘러싸고 일어난 관리와 지역민들의 불법적 행위에 관한 기록도 여럿 있다.

일제강점기에 강원도 북부 추가령구조곡에 위치한 강원도 세포에 서구식 대형 목장이 들어섰다. 당시 이름은 '세포목양지장(洗浦牧羊之場)'이었다. 일본의 조선 수탈을 위한 남면북양(南綿北羊) 정책으로 만들어진 대규모 목양장이었다. 추가령구조곡 고지의 완만한 지형과 냉량한 기후조건은 목장에 적합했다. 당시 조선 최초의 스키장도 함께 조성됐는데 지금까지도 목장과 스키장으로 이용되고 있다.

1972년에 개설된 대관령 삼양목장은 한국 목장의 상징이다. 해발고도 800~1,450m의 목축장에서 양과 소를 키운다. 풍력발전기와 함께

관광객들이 많이 찾고 있는 대관령 양떼목장. 6월부터 10월까지 방목을 한다.

호텔 시설을 가진 관광지로도 각광을 받고 있다. 목장에서는 6월부터 10월까지 5개월간 방목을 한다. 이 기간 소와 양들은 넓은 초원에서 스스로 먹이를 구한다.

작가 이효석은 1930년대 국민에게 우유를 많이 공급해야 한다고 주장했다. "수도(水道)와 마찬가지로 우유도(牛乳道)를 만들어 각 가정에서 나사만 틀면 언제든지 (우유가) 쏟아지게" 하자고 그의 수필 『채롱』에 썼다. 1969년 한국에서도 우유와 낙농제품을 많이 생산해야 한다는 여론에 따라 독일과의 협력으로 안성목장이 조성됐다. 그동안 여기서 많은 유제품이 전국에 공급되었다. 현재도 목장에서는 소, 면양, 돼지, 염소 등을 기르고 있다.

1969년 정치인 김종필 씨가 인근 땅을 사들여 조성한 삼화목장(서산목장)

낙농업 위주의 목장으로 잘 알려진 제주의 성이시돌목장, 전북의 임실목장 등도 근대 한국인의 우유와 유제품 공급에 많은 기여를 했다. 성이시돌목장은 1954년 한국에 선교사로 온 아일랜드 출신 패트릭 맥그린치 신부가 한라산 중산간 한림에 만들었는데 뉴질랜드와 호주에서 면양, 종돈, 소 등을 들여와 발전했다. 임실목장은 1959년 한국에 선교사로 온 벨기에 출신 지정환 신부의 도움으로 1966년 치즈를 만드는 목장으로 세워졌는데 2003년부터 임실치즈밸리로 대규모 지역화되면서 국민의 많은 관심을 받고 있다.

충남 서산시 운산면에는 638만 평에 달하는 넓은 목장이 있다. 삼화목장이다. 충남 부여 출신의 거물 정치인 김종필 씨가 1969년 여섯 마을의 땅을 모두 사들여 지은 목장으로 한우, 젖소, 양을 키웠다. 당시 울창한 숲을 제거하고 헬리콥터로 외국 목장용 풀씨를 풀어 목장 초원을 조성하였다. 1979년 10·26사태 이후 김종필 씨가 삼화목장을 사회에 환원하면서 현재는 공식명칭인 '축협 한우 개량 사업소' 혹은 '서산목장'으로 불리고 있다. 삼화목장은 대관령목장과 함께 국가 경제 발전에 따른 대규모 목장 개발의 대표적 사례다.

서해 소금과 평창 콩을 맞바꾸던 물류 중심지

작가 이효석(1907~1942)이 1941년 발표한 단편소설「산협(山峽)」은 한 마을에서 일어난 복잡한 친인척 간의 비극적 남녀 관계를 다루고 있다. 이 소설은 작품의 배경이 된 1930년대 강원도 평창을 비롯한 영서 지방의 농업 구조와 생활 모습을 잘 보여준다. 특히 원주 문막의 나루터와 평창 소금받이(주인공)의 모습을 다룬 부분이 인상적이다. 평창에서 생산한 콩을 문막 나루터까지 나르고, 그것을 서해에서 한강과 섬강을 따라 올라온 소금과 바꾼다. 나루터가 있던 곳에는 지금도 석지나룻길, 물굽이(水曲, 물구비), 개나루, 시무리(스무리), 낡은터(나루터), 삼괴정(三槐亭) 등 나루터 연관 지명이 남아 있다.

소금받이는 마을을 대표하여 콩을 모아서 소금과 바꾸는 작업의 책임자이다. 소설 속 평창 소금받이의 나루터 오르내림 과정을 보면 강원

1930년대 문막 섬강 변 물굽이나루터에서 자전거를 싣는 모습. 멀리 보이는 삼각산은 지금의 문막 건등산이다.

도 내륙 산간 농촌에서 소금이 얼마나 중요한 것인지를 잘 알 수 있다. 이효석이 또 다른 단편 「메밀꽃 필 무렵」에서 메밀꽃밭에 붙인 '소금을 뿌린 듯'이라는 기막힌 수식어도 이러한 소금받이를 관찰한 결과가 아닐까 한다.

소설에서처럼 1930년대 당시 영서지방 산골에서 소금은 매우 귀하고 소중한 것이었다. 동해에서 소금이 생산되지 않아 구할 수가 없기 때문이다. 그래서 먼 서해안에서 수운으로 문막까지 실어와야 했다. "소가 두 필에 콩 넉 섬을 실구 갔었겠다. 소곰인들 흐북히 받아오지 않으리." "바닷물루 만든다던가. 바다가 멀다 보니 소곰은 비상보다 귀한 걸……." 나루터에 내려 쌓인 소금더미를 소금산이라 했다. 문막 나루 강가에는 서울서 한강을 거슬러 올라온 소금산이 첩첩이 쌓였다.

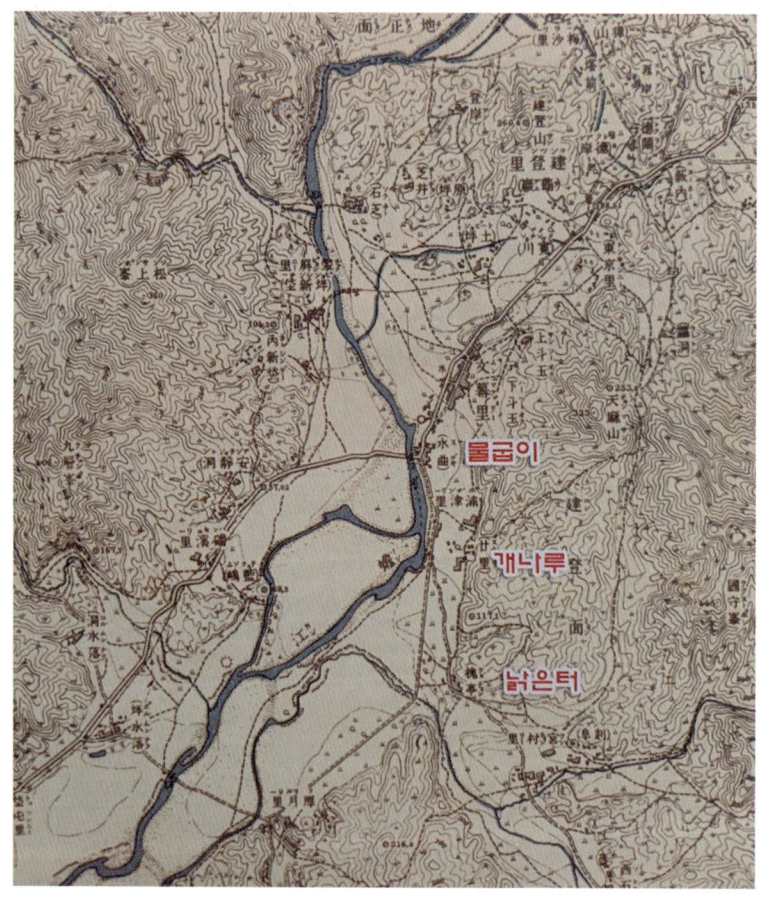

1930년대 강원도 문막 지형도

　문막은 서해에서 남한강을 거쳐 섬강으로 올라오는 수운의 관문으로 원주, 횡성, 평창과 연결되는 물류 중심지였다. 한강 수운선은 바닷배에 비하여 밑바닥이 평평하고, 뱃전이 얕고 길며 폭이 좁았다. 운행을 위해서는 수로의 크기가 최소한 수심이 3m, 강폭은 10~15m 정도 여야 한다. 강에 토사가 많이 쌓이면 지역민들이 강의 토사를 파내고, 더러는 강가에서 밧줄로 당겨 배를 이동했다. 물론 상당한 수고비를 받았으며 더러 마을의 중요 사업이었다. 한강 변에는 수운선들의 안전을 비는 다수의 신당(神堂)이 있었다. 신륵사 같은 강변 사찰과 불적(佛蹟), 제단 등에서 이러한 안전을 비는 기능을 수행했다.

물물교환 상품으로는 해안의 소금, 어물(염장·말림)과 새우젓이 주종을 이루는 가운데, 평창 등 강원도에서는 주로 콩이 많고 참깨, 꿀, 담배, 대마 등 농산물과 목재(평창 적송 등)와 숯 등 임산물이 교환의 대상이었다. 이를 돕는 현지의 상인은 '바꿈이'라 불렸다. 물건을 심하게 실어서 산 모양을 이루면 '산(山)배'라 부르기도 했다. 하지만 물물교환의 대종은 해안의 소금이었다. 그러다 보니 다수의 지역에 염창(鹽倉)이 있었다. 조정에서는 주요 나루터 곳곳에서 염세(鹽稅)를 받아갔다.

소금과 바꾸는 육지 농산물로는 콩이 대세였다. 평창 등 강원도의 콩인 백태와 적태는 경기도 장단콩과 함께 최고의 품질로 인정되었다. 콩은 소금 외에도 어물, 잡화 등과 물물교환을 하는 데 있어 최고 산품이었다. 콩은 지금도 그러하듯 콩나물, 두부, 된장, 간장, 고추장, 콩기름, 콩밥 등의 기본 원료로 모든 가정에서 필수품이었다.

포구에는 객주와 주막이 다수 있었다. 객주는 여관과 물물교환소 기능을 제공을 했다. 객주와 주막이 함께하는 경우도 많았다. 1908년 자료에 의하면 객주 수는 문막에 5~10호 정도였고 남한강의 여주, 장호원 등지에는 10~20호 정도였다.

소금을 실은 염선(鹽船)은 배 위에서 직접 소금과 콩 등 농산물을 교환했다. 기록에 의하면 정조 때인 1770년 무렵 소금과 콩의 교환 비율은 말 단위로 1대 2였다. 물론 상류로 갈수록 소금값이 비싸졌다. 1890년에는 교환 단위가 1대 1이었는데 중국의 값싼 염전염인 호염(胡鹽)이 유입된 결과였다. 1948년에는 소금배 유통이 완전히 없어지는데, 이것은 일제강점기 이후 개설된 신작로를 통한 육지 운송 때문이었다.

남한강 유역의 시장 분포를 보면 평창에는 1770년대부터 1905년까지 3개였고, 일제강점기인 1926년에는 강릉과 합하여 5개가 되었다. 그중 대화장은 평창에서 가장 큰 시장으로 영서지방의 중심 시장이었다. 관동대로에 입지하여 강릉, 원주, 횡성, 평창과 육로로 연결되기 때문에 동해안, 영서지방, 남한강 유역의 유통 산물들이 모였다.

평창에 위치한 이효석 작가의 생가

평창의 인구는 18세기 말(정조 때) 1100명, 1907년에는 1만 2100명이었다. 당시 충주가 19세기 말 1만 2000명, 1907년 1만 2300명인 것을 보면 평창의 인구는 100년 동안 비약적으로 발전했다.

18세기 말에 조선에서는 인구 이동이 많았다. 강원도 산간은 대표적 피거지(避居地)였다. 당쟁에 패배한 양반층, 농토를 잃은 농민, 노름으로 재산을 탕진한 평민, 박해를 피하고자 했던 천주교도, 정감록 신봉자, 포도청에 쫓기는 주민 등 다양한 형상으로 강원도 산간지역으로 모였다. 이들은 화전농, 담배농, 땔감 수집, 도자기 굽기 등 다양한 일에 종사하면서 가계를 유지했다. 현재는 평창 등지에 첨단 고랭지 농업, 다양한 목축업과 함께 리조트, 스키장 등 관광단지가 발달해 있다.

서늘하고 겨울 긴 환경에 특화된 작물

 고랭지(高冷地) 농업은 상대적으로 기온이 낮은 고지대에서 가을 작물을 재배하고 여름철에 수확하는 농업방식을 말한다. 일반적으로 기온은 고도가 100m 상승할 때마다 0.6도씩 떨어진다. 즉 고도가 1,000m 상승하면 기온은 6도가 내려간다. 농업지리적으로 해발고도 400~600m를 준고랭지, 600m 이상을 고랭지로 취급하는 것이 일반적이다. 지역마다 약간씩 차이는 있지만 우리나라에는 1,000m 이상 되는 고랭지들이 많다. 여름철에 이러한 고지대는 피한지로서 관광지 역할도 한다. 대관령이 대표적이다.

 1960년대까지만 해도 산지의 농민들은 조방적(粗放的, 작물 밀도가 낮은) 농업으로 자급자족을 해왔다. 그 기원을 거슬러 올라가면 산지 피난민과 화전민의 농업이 있다. 그러나 1960년 이후 화전에 의한 삼림 훼손

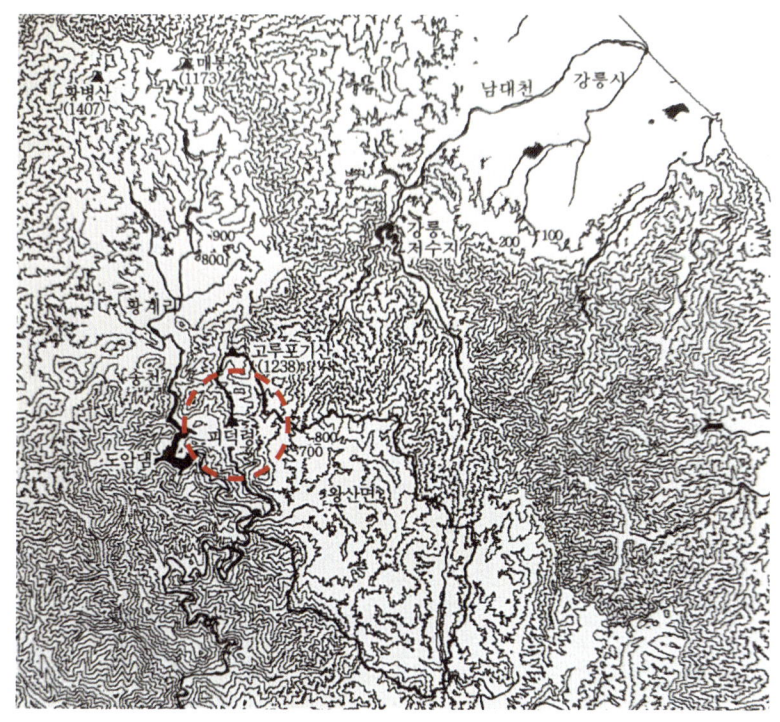
강원도 고랭지 지역 지도. 빨간 원 부분이 피덕령이다.

이 심해지자 경제개발의 일환으로 국가에서는 산지 농민들을 평지로 이전시키고, 헐벗은 산지에 녹화사업을 시작했다. 일부 산지농은 화전(火田, 자리를 옮겨가며 숲에 불을 질러 농사 짓는 밭)에서 숙전(熟田, 해마다 농사를 지어 잘 길들인 밭)으로 농업 방식을 바꾸었고, 그로 인해 태백산과 소백산 등지에서 고랭지 농업이 발전해왔다.

강원도 피덕령 지역을 사례로 고랭지 농업을 살펴본다. 강원도 강릉시와 평창군을 가르며 남북으로 달리는 산지는 북쪽에서부터 고루포기산(1,238m), 피덕령(1,007m), 화란봉(1,069m), 석병산(1,055m), 옥녀봉(1,191m) 등으로 이어진다. 태백산지의 주맥을 이루고 있으며 소위 백두대간의 중앙부를 형성한다. 피덕령은 이 분수령 산지에서 가장 낮은 곳으로 영동과 영서를 잇는 통로에 위치한다. 높은 산지의 평퍼짐한 곳이라 안반덕 혹은 안반데기로 부른다.

  2005년 조사에 따르면, 강릉시 왕산면 대기4리에 해당하는 피덕령 지역은 2004년까지 농가 36가구가 고랭지 농업에 종사하고 있으나, 겨울철까지 상주하는 가구는 단 한 가구였다. 이것은 가을부터 이듬해 봄까지 휴경기가 매우 길며 많은 눈과 찬바람 등 기후조건이 매우 불리해서, 또한 고랭지 농업으로 얻어진 비교적 많은 수입으로 자녀들을 교육시키기 위해서 주민들이 강릉시, 평창읍 등으로 주거를 이동하기 때문이다. 이 휴경기 동안 부리던 소들은 인근 평지 농가에 하숙을 시킨다.

  피덕령 지역의 기상자료를 인근 용평과 비교해보면, 연평균 기온은 6.5도로 대관령과 거의 유사하다. 서울(12.8도)이나 강릉(12.9도)에 비해 6도가량 낮다. 8월 평균기온도 18.4도에 불과하며, 2월 평균기온은 영하 7.0도로 전형적인 고랭지 기후를 보인다.

  연평균 강수량은 1,500~2,000mm로, 우리나라 평균인 1,200mm보다 훨씬 높다. 기류를 맞이하는 산지 지형성 강우로 인해 하계 호우 현상이 잘 나타나고, 8~9월에는 태풍의 영향으로 강수량이 비교적 많은 편이다. 겨울철 강한 바람, 안개와 함께 적설량도 많아 5월까지 잔설이 보인다. 이러한 기후적 특성으로 인해 삼림 피복이 농경지 개발로 제거

고랭지 배추를 주로 재배하는 강원도 안반데기마을 농지 모습

되면 토양 침식, 표토 유실, 산사태, 토사 유출 현상이 나타난다. 이를 막기 위해 더러는 등고선 계단화, 유출로 확보 등의 장치를 한다.

고랭지 농업이 이루어지기 전까지 피덕령 일대에서는 화전농업이 성행했으며 일제강점기에도 고루포기산의 정상까지 감자, 콩, 메밀, 귀리 등의 화전농이 행해졌다. 물론 일부 하천 주변에서는 좁은 경지를 따라 소규모의 논농사가 이루어지기도 했다.

1965년 실시된 화전정리사업과 함께 평창군 도암면에 씨감자 관련 기관들이 입지하면서 피덕령까지도 고랭지 농업의 영향을 받게 됐다. 1965년부터 정부 주도로 200ha에 이르는 산정이 개간되었고, 일정 규모의 경지를 임차한 약 100가구가 이주했다. 그러나 임차한 경지가 협소해 수익성이 낮아 1970년 초에는 11가구만 남기고 모두 떠났는데, 1972년 피덕령이 씨감자 재배단지로 지정된 이후 현재와 같은 30여 가구로 다시 증가했다.

피덕령에 고랭지 농업이 급속도로 확산된 것은 1980년대다. 이 지역에서 수확한 고랭지 작물은 운반거리를 최소화해 피덕령을 넘어서 영동고속도로를 이용, 수도권으로 운송된다. 피덕령 지역에서 재배되고 있는 작물들은 감자, 배추, 무, 당근, 호박 등이며 특히 배추를 중심으로 채소들이 특화되고 있다. 그중 배추와 감자 원료인 씨감자가 대표 작물이다. 토양에 자갈이 많아 다른 작물은 재배하기 힘들기 때문이다.

피덕령을 기준으로 북쪽의 고루포기산 쪽과 남쪽의 옥녀봉 쪽 경작지가 1년 주기로 씨감자와 배추를 돌려짓기한다. 해발고도가 높은 피덕령은 다른 지역에 비해 기온이 낮고 겨울이 길어 무상일수가 짧다. 따라서 파종 시기는 늦고 수확 시기는 빠르다. 대체로 배추는 7월 5일에서 15일 사이 이식해 9월 5일에서 15일 사이 수확하고, 씨감자는 4월 25일에서 5월 10일 사이 파종해 9월 10일에서 20일 사이 수확한다.

작물 재배가 없는 휴경기는 짧게는 9월 말에서 4월 중순까지 약 6개월이며, 길게는 9월 중순에서 7월 초순까지 거의 10개월이다. 경작이 끝나고 난 뒤 대부분 그대로 방치되지만, 최근 토양 침식에 따른 표토 유실과 지력 감소를 방지하기 위해 계분이 든 퇴비를 농지면에 덮거나, 호밀 등을 녹비작물로 이용한다. 녹비는 수확 후 심은 작물 자체를 비료화한 것이다. 호밀은 성장하는 동안에는 토양 유실을 방지하고, 다 커도 수확을 하지 않고 그대로 놔두면 비료의 역할을 한다.

2024년 8월 12일 안반덕을 답사차 다녀왔다. 지난 30~40년간의 변화가 많이 느껴졌다. 산길 이동로도 잘 만들어져 있었다. 해발고도 800m에 있는 숙소의 새벽 기온은 16도였다. 현재 마을 이름으로 정착된 안반데기는 대부분 배추가 재배되고 있으며 이달 말부터 출하된다고 한다. 마을의 사정이 나아져서 띄엄띄엄 잘 만들어진 주택들이 들어서 있다. 현재 각 농가는 상당한 면적에 배추를 재배하면서 어느 정도 수익이 높은 편이다. 이 마을에는 카페와 전망대도 조성되어 있어 많은 관광객이 방문한다. 이제는 전원주택까지 들어서 멋진 경관을 향유한다. 대관령에 위치한 고령지농업연구소는 현재 고랭지 농업기술 연구와 개발에 중추적 역할을 하고 있다.

호남평야, 풍요를 바탕으로 시·서·화가 발달하다

한반도를 대표하는 평야인 호남평야는 충남과 전북의 금강, 전북의 만경강, 동진강 유역을 포함한다. 지형적으로는 충남 차령산맥 이남에서 전북과 전남을 가르는 노령산맥 이북의 평야들이 연결된다. 행정상 지역 구분에서 호남평야는 전북에 한정되지만, 지형적으로는 충남 금강 유역의 논산평야와 서천평야에서부터 전북을 중심으로 하고, 남쪽의 전남 영광 해안 평야까지 연결되는 평야다. 남북의 길이는 대략 150km이며, 동서 간의 폭도 평야의 중심인 김제를 중심으로 약 50km에 달한다. 물론 전북이 단연 중심으로 전북 면적의 약 3분의 1이 호남평야에 속한다. 즉 호남평야의 중심은 김제를 중심으로 부안, 익산, 정읍 등이다. 이러한 관계로 호남평야의 핵심은 만경평야라고 할 수 있다. 때로는 임옥평야도 이름이 오른다.

호남평야는 차령산맥과 노령산맥 사이 전북 지역에 집중돼 있다.

한편 노령산맥 이남은 전남의 나주평야가 주축을 이룬다. 차령산맥 이북은 내포평야, 평택평야, 안성평야가 자리 잡고 경기도의 평야들과 연결된다.

전북 김제 일대에 펼쳐진 호남평야

 호남평야의 지형적 구성은 △풍화와 침식을 많이 받은 낮고 완만한 기반암 구릉지 △홍수 시에 잠기는 하천 범람원 △해안의 갯벌 간척지 등이 결합된 형태다. 물론 한국의 다른 지역 평야들도 그 구성이 유사하다. 호남의 구릉지는 비산비야(非山非野)로 불리면서 주로 평야의 동쪽에 자리 잡고 있다. 오래된 고을과 읍지들은 이러한 낮은 풍화층 구릉지, 하천의 범람원과 개척지에 인접한 구릉지의 말단부에 주로 자리를 잡고 발달해왔다.
 일반적으로 토양은 풍화가 많이 이뤄지면 붉은색 혹은 짙은 황색을 띤다. 암석에 포함된 금속 성분들이 산화해 만들어진 색이다. 암석의 금속 물질은 일상의 금속과 마찬가지로 철, 알루미늄, 니켈, 마그네슘,

망간 등으로 구성된다. 물론 대표적인 것이 철이다. 색깔이 이러하다 보니 풍화토를 보통 '황토(黃土)'라고 부른다. 이러한 황토를 영어로는 적토(red soil)로 표현한다.

호남은 지형적 특성으로 인해 해안으로 갈수록 범람원이 넓게 나타난다. 홍수가 나면 하천수가 밀물과 결합해 더러 범람원을 뒤덮는다. 따라서 하천변에 제방을 쌓아 범람원이 홍수에도 잠기지 않게 함으로써 평야를 계속 넓힐 수 있었다. 이렇게 아주 오랜 세월 범람원을 간척해왔다. 전북 익산은 금강과 만경강 사이에 위치하는데, 개척 전 금강 수운은 현재의 익산 금마면 일대까지, 만경강은 왕궁면 일대까지 들어왔음이 고고학 자료들에 의해 밝혀지고 있다. 이곳은 개척과 개간으로 농경지가 넓어지면서 '옥야(沃野)'라는 별칭도 얻게 된다. 『신증동국여지승람』에 보면 익산 용안현을 기록하면서 '옥야제해(沃野際海)', 즉 비옥한 평야가 바다에까지 이른다고 했다.

저수지들은 흔히 하천의 상류 쪽 그리고 지류의 상류 등에 조성된다. 제방을 만든 후에는 홍수 시에 내린 비로 범람원에 물이 차면 이를 배수하는 장치도 만든다. 『대동여지도』에 나오는 호남평야의 주요 저수지와 제방에는 김제의 벽골제(壁骨堤)와 대제(大堤), 익산의 황등제(黃登堤), 고부의 눌제(訥堤) 등이 있다. 벽골제와 황등제, 눌제는 당시 호남의 3대 제방으로 불렸다. 이들 저수지는 다른 지역 저수지들과 달리 하천의 중류 혹은 중하류를 막아서 만들었다. 단점이라면 평탄한 지대여서 깊은 저수지를 만들지 못하니 수량 유지를 위해 넓은 면적의 긴 제방이 필요했다. 또한 상류로부터 흘러온 토사들이 쌓이는 경우 주기적으로 굴착과 제거를 해야 했다. 이 저수지들은 일제강점기에 대대적 수리간척사업을 거쳐 현재에 이르고 있다. 벽골제는 백제 비류왕 27년(330)에 축조된 것으로 당시 약 3km 길이의 둑이었다. 벽골은 현재 김제의 통일신라시대 군현 이름으로 벼골에서 한자 음차로 벽골이 됐다는 설이 있다.

현재 익산 일원에서 유지되고 있는 농업용 저수지들은 이리 상도지, 낭산 저수지, 왕궁 저수지, 용화리 도순 저수지, 원수 저수지, 옥금 저수지, 웅포 송천제 등이 있고 소규모의 또 다른 저수지들도 많다. 이러한 저수지들은 익산과 김제 등의 평야지대 관개수로, 배수로와 연결돼 복잡한 수리체계를 이룬다.

한편 서해안은 조차가 심하며 해안에 인접해 미립질의 물질로 이루어진 간석지가 넓게 분포한다. 이들은 해안의 평야, 범람원과 바로 이어져 있다. 간척 전만 해도 밀물은 만조 시에 하천을 따라 역류해 상당한 뻘물질을 하천변에 쌓았다. 호남평야 중심부에서 땅을 파면 곳에 따라 뻘층이 나온다.

앞서 말했듯이 호남평야는 풍화 구릉지, 하천 범람원, 해안 간석지가 결합돼 만들어진 국내 최대의 곡창지대다. 이러한 풍요로운 평야의 산물을 바탕으로 호남 지역에서는 시(詩), 서(書), 화(畵), 창(唱) 등의 문화예술이 크게 발달했다. 바둑도 압도적으로 호남에서 발달했다. 동시에 풍요한 물산을 중심으로 탐관오리의 폐해도 심했었다. 역사의 내용이

다양하겠지만 동학혁명도 이러한 폐해가 큰 원인이다.

과거 조선시대 국가산업에서 농업이 차지하는 비중은 압도적이고 평탄한 평야에서 생산되는 쌀은 그중에서도 중심이었다. 호남평야의 해안가에는 염전이 있어 소금농까지 발전하면서 지역 및 국가 경제력을 높여주었다.

일제강점기의 한반도 수탈정책은 호남평야의 농산물이 가장 대표적이었다. 일본으로 미곡을 유출하기 위한 군산항의 발달, 철도 운송을 위한 이리역 설치 등은 모두 호남평야 수탈정책의 일환이다. 다수의 대규모 저수지를 만든 것도 그러하다. 이리는 이러한 연유로 새로 생긴 지명이다. 하지만 조선시대에도 그랬듯이 일제강점기에 소작농의 어려움은 엄청났다.

일제강점기가 끝나고 1960년대 경제개발이 전개되면서 한국은 농경지 개척에 더욱 박차를 가했다. 해방 이후 북한 이주민 상당수는 호남평야로 와서 갯벌을 간척해 개척촌을 이루었다. 김제와 군산, 익산 등 호남평야에 다수 집중했다. 김제군 광활면, 부안군 계화면, 군산시 오구읍, 회현면이 대표적이다.

쌀농사 지역으로 교육에도 열정을 보인 이곳에선 많은 인재가 나왔다. 또 조선 후기에서 일제강점기까지 삶이 어려운 많은 백성들은 만주, 연해주로, 나아가 하와이와 멕시코 등으로도 이주했다. 이러한 경제적 이주는 독립운동을 위한 이주와 겹치기도 했다. 오늘날 만주와 연해주에서의 쌀농사는 우리 한민족 동포들의 역할이 매우 컸다.

동해는 고래의 길

한반도에서 고래는 울산을 중심으로 동해안 남부 연안에 많이 나타난다. 울산 장생포 일대에 근현대 포경업이 발달한 이유다. 전 세계 고래류는 100종에 이르고 우리나라 연안에는 약 40종이 있었다고 한다. 현재는 현저히 줄어들었다. 가끔 통발어선의 그물에 고래가 걸리기도 하는데 최근 6.1m에 달하는 밍크고래가 함께 잡힌 사례도 있다.

역사적으로 가장 오래된 고래 자료는 약 7000년 전 선사시대에 만들어진 울산 대곡천의 반구대 암각화다. 이 고래 암각화는 2025년 7월 유네스코 세계유산으로 등재된 세계적인 문화유산이다. 한편 『삼국유사』의 '연오랑과 세오녀 전설'에서 연오랑이 미역을 따다가 해안에 접근한 바위 등을 타고 일본으로 갔다는 내용이 나오는데, 여기서 바위는 고래를 의미한다는 해석도 있다.

울산 대곡천 반구대의 고래 암각화

고래는 남해는 물론 서해에도 나타난다. 정약전은 『자산어보』(1814)에서 고래에 대해 "빛깔은 칠흑색이고 비늘이 없다. 길이는 100여 자, 200~300자에도 이른다. 일본인들이 화살로 잡다 놓치면, 표류하여 서남해안에 이른다."고 적고 있다.

1912년 미국의 세계적 탐험가이자 고고학자인 로이 앤드루스는 울산 앞바다에 나타난 귀신고래를 보고 '한국고래(Korea Grey Whale)'라고 불렀다. 이 명칭은 지금도 세계적으로 공식 통용되고 있다. 귀신고래는

2025년 5월 방어진 앞바다에서 통발어선의 그물에 걸려 들어올려진 밍크고래. 길이는 6.1m, 무게는 3.1t에 달한다.

태평양 북극해에서 북미 연안으로 가는 종도 있는데 아시아 연안으로 나가는 고래를 대표해 한국고래로 명명한 것이다.

한반도 동쪽, 특히 최고 깊이가 거의 4,000m에 이르는 동해는 고래의 회유지로 유명하다. 동해에 많이 출현하는 고래류는 가장 대표적인 귀신고래를 비롯해 참고래, 참돌고래, 밍크고래, 범고래 등이다. 귀신고래는 자라면 크기가 15m에 이르고 수명도 50년이 넘는다. 온순하면서도 매우 빠른 동작을 보이고, 가족애가 가장 높은 종이라고 한다. 북극해 가까이에 사는 종으로 캄차카를 거쳐서 동해로 내려온다. 이동 거리는 최대 20,000km에 이른다. 귀신고래는 다른 고래에 비해 비교적 연안 가까이에 접근한다. 관찰에 따르면 새끼를 낳으면 미역류를 먹는다고도 한다. 한국 산모를 많이 닮아 있다.

대한해협은 부산과 일본 사이의 좁은 바닷길로 고래의 길이기도 하다. 이곳에서 자세히 살피면 이동하는 고래를 볼 수 있다. 고래는 태평양에서 상대적으로 좁은 대한해협을 지나서 동해로 들어간다. 동해 바다는 고래들의 좋은 먹이처이고 은신처이며 회유처다. 조선시대 동해를 경해(鯨海), 즉 고래의 바다로 부르기도 했다. 고래는 매우 지혜로운 포유류로 넓은 바다에 적응해 지구상 최고의 큰 몸체를 가지고 가장 먼 거리를 이동하며 진화하고 생존해왔다. 시베리아와 북미 대륙에서 매머드가 사라진 것과는 대조가 된다.

고래는 몸체에서 버릴 것이 하나도 없어 그동안 인간의 삶에 많은 도움을 주어왔다. 하지만 우리나라는 이제 법으로 고래를 잡을 수 없다. 우연히 그물에 걸리거나 좌초, 표류해서 생명 유지가 어려운 경우에만 허용이 된다.

적도에서 북태평양의 북위 20도까지 저위도에서는 늘 일정하게 북적도해류가 서쪽으로 흐른다. 난류다. 이 해류가 동아시아 대륙에 접하면서 급격히 동북으로 방향을 틀어 가다가 일본 열도 동쪽을 타고 북쪽으로 흐르는 것이 쿠로시오 해류다. 이 쿠로시오 해류의 일단이 분리돼 대한해협으로 들어오는데 이것을 동한해류 혹은 동한난류라 부른다. 일본에서는 쓰시마 해류라 한다.

동해로 들어온 동한난류는 동해안 방향과 독도 방향으로 흩어지면서 동해의 표면을 덮는다. 동해안에서는 거의 두만강까지 올라간다. 동시에 동해의 북쪽에서는 차가운 북한해류가 남으로 내려온다. 거의 울산과 부산까지 내려오는데 당연히 동해에서 난류와 만난다. 이렇게 서로 다른 성질의 해류가 만나는 해역을 조경(潮境)수역이라고 한다. 만나는 경계대에서 차가운 물은 대체로 해저 아래로, 더운 물은 해수면 쪽으로 오르면서 층서를 이룬다.

이러한 조경수역은 해류를 따라 이동하는 어류들로 계절에 맞게 다양하고도 풍부한 해양 생태계를 형성한다. 해류가 부산 쪽에 와서 먼저 닿는 가덕도는 고기잡이의 보고다. 겨울철 방어, 봄철 숭어, 가을철 전어 등이 가덕도 해역에서 잡힌다. 가덕도는 낙동강에서 내려오는 육지 영양분을 듬뿍 받는다. 이 영양분은 동한해류를 타고 동해로 유입된다. 남해안의 동쪽 끝과 동해안의 남쪽 끝이 만나는 부산을 중심으로 거제도, 가덕도, 영도, 기장, 울산, 포항, 영덕 등으로 그 흐름이 이어진다.

생물계에는 먹이사슬이 존재해 각 지역과 장소에 적응하는 생태계를 형성한다. 동해 남부의 바다와 연안은 해양 생태에서 영양분-조류(미역, 다시마)-소어류(멸치)-대어류(고등어, 방어)-고래 등으로 이어진다. 부산에서 울산에 이르는 동남해안의 특산물로는 기장 미역, 대변 멸치, 방어진 방어, 장생포 고래 등이 유명하다. 다들 한국 최고의 특산물이다. 이들이 모여서 사다리꼴 먹이사슬을 이루며 고래가 맨 위에 있다. 장생포는 고래마을로 지역이 특화되어 있다. 지구 표면의 71%가 바다이고 그 넓은 바다에 적응한 가장 큰 생물체가 포유류 고래다. 고래가 다니는 바다 면적은 엄청나다. 이들은 지혜로운 자세를 가지고 넓

동해의 고래 생태계 지도

은 바다를 이해하며 살아간다.

    울산 출신 작가 오영수의 소설 『갯마을』(1956)은 이러한 동해안의 먹이사슬 구조를 잘 보여준다. 소설에는 기장, 일광 인근의 동해안 남부에서 미역 따기, 멸치 떼 잡이, 고등어 원양 출어 등이 등장한다. 멸치 계절이 오면 해안에서 거의 건지다시피한다. 원양 출어는 그 예로 울릉도와 대마도를 말하고 있다. 또 해녀들의 활동과 함께 해양 생태계에 의존하는 마을을 이야기한다. 이렇게 언급된 바다 생태계가 잘 유지가 되면 그 최상의 높이에서 고래도 잘 서식한다.

　울산 장생포는 고래잡이의 중심기지로 고래문화재단과 고래박물관이 있다. 인근 마을은 고래문화마을로 지정되고 '고래로'라는 도로명도 만들어졌다. 매년 9월 말이면 울산고래축제가 열린다. 고래를 보호하고 관찰하는 가장 좋은 위치다. 울산 태화강을 거슬러 가면 지류 대곡천 반구대에 경이로운 고래 암각화가 있다. 구석기시대의 작품으로 다양한 고래 모습들을 정교하게 그리고 있다. 동해안 영덕 병곡면 사빈해안의 이름은 '고래불'이다. 경북에서 가장 긴 사빈으로 멀리서 고래가 많이 나타난다고 붙인 이름이다. 거제와 통영 사이에도 고래섬이 있다. 울주군 언양읍 다개리는 내륙인데도 고래섬 지명이 있다. 고래 식용과 연관을 가진 것으로 보인다. 고래는 귀한 존재이다.

교동도의 지리와 역사를 찾아서

 교동도의 첫 모습은 넓은 평야와 저수지, 북쪽 해안에 길게 늘어선 철책선, 화개산에서 바라보이는 여러 섬들, 개펄과 같은 자연경관, 북녘의 연백평야 등이다. 남과 북이 바다에 맞닿아 있다. 바닷물은 토사와 섞여 흐린 모습이다. 썰물 때는 넓은 갯벌이 깔린다. 밀물 땐 한강으로 물이 올라가고 교동도 남안의 남산포항에서는 파도가 많이 인다.

 북녘 바다가 철책이고 휴전선이다. 남북한 모두 인위적인 어떤 통행도 없다. 예성강, 임진강, 한강과 물길로 연결되고 강화도와 석모도가 인접한 비교적 넓은 섬이다. 그러나 6·25를 거치면서 멀리 떨어진 섬이 되었다. 이제는 돌아볼 만한 섬이다. 교동도에는 해방과 6·25를 전후해 황해도 연백평야 출신들이 많이 건너와서 연백의 모습을 재현하고 있다. 대룡시장이 그 현장이다.

화개산 전망대에서 바라본 교동도의 넓은 평야

　교동도는 조선시대 경기, 충청, 황해의 수군을 통솔하는 삼도수군통어영이 있었다. 한양과 개성을 지키는 곳이었다. 한양에서 황해 쪽으로 비교적 멀리 떨어진, 경기만 북부의 비교적 큰 섬이다. 연산군을 비롯한 조선의 왕과 왕족들이 유배를 당했던 곳이다. 한양에 인접하고 고립된 곳이니 유배지로 적합했다. 해방과 분단, 6·25의 흔적들이 갈등의 기억과 함께 섬에 산재해 인구와 지역사회에 여전히 영향을 미치고 있다. 이제는 남북 관계상, 즉 지리적 위치로 인해 어업은 거의 없고 농경이 주업이다. 특히 쌀농사 외 산업이 거의 없다. 지금은 생산이 덜하지만 조선시대부터 화문석 재료인 왕골이 품질로 유명했었다. 안동 예안산, 황해 연백 다음으로 강화 교동산을 쳤고 임금님 진상품이었다.

역사지리 및 지정학 연관 경관들이 많다. 고구리 고읍성터, 교동읍성, 고구저수지, 연산군 유배지, 화개산 전망대, 교동향교, 남산포항, 사신당, 대룡시장, 망향대 등이 모두 역사적 의미를 담고 있다. 난정저수지, 피난시설, 철망시설, 도로망과 도로시설, 여러 농경시설, 철새 조망 들도 볼만하다. 또한 쌀 중심 농경지도 뚜렷하다. 광대한 논, 다양한 크기와 형태의 저수지, 잘 정비된 농로, 크고 작은 정미소와 창고들, 농기구와 농기계 수리 시설 등이 있다. 축산업 시설과 일반 산업 시설이 없는 특이한 경관도 함께 살펴볼 만하다.

교동도는 강화도 북서부에 위치하며 동경 126도, 북위 37도다. 면적은 $47.14km^2$(대략 서울 송파구 1.4배)이고 행정구역상 인천 강화군 교동면이다. 교동도는 전국에서 13번째로 큰 섬이고, 교동면은 강화군에서 가장 면적이 넓은 면이다. 봉소리, 상룡리, 고구리, 읍내리, 대룡리, 양갑리, 삼선리, 인사리, 지석리, 무학리, 난정리, 동산리, 서한리 등 13개 리가 있다.

섬에서 고도가 높은 곳은 동부의 화개산(260m), 동북부 봉황산(75m), 봉재산(76.1m), 삼성산(65m), 율두산(89m), 서남부의 수정산(75m) 등이다. 이들은 간석지가 아닌 독립된 구릉의 섬지역이었으나 간척이 되면서 모두 합쳐져서 하나의 섬 교동도가 되었다. 간척사업은 고려시대부터 근현대까지 이뤄져왔다. 한국 간척의 역사다.

교동도는 평균 고도가 낮다. 섬의 3분의 2가 간척된 평야지대로 이들은 해발 10m 이하에 해당한다. 원래의 간석지는 뻘지대와 갯골로 이뤄

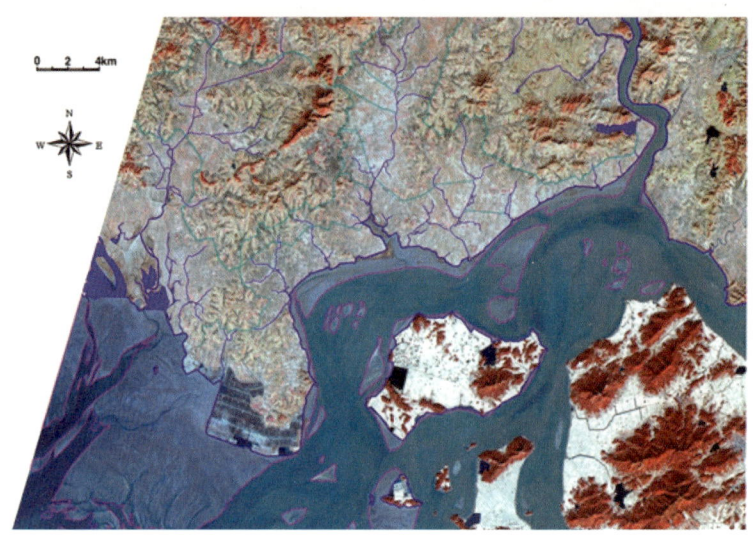

2002년 교동도 일대 경기만의 모습을 보여주는 위성사진(SPOT 위성영상)

져 있었다. 경기만은 조차가 8~9m에 달해 간조 시에 매우 넓은 간석지가 드러난다. 제방과 매립에 의한 간척이 매우 유리한 지역이다. 현재는 섬 중앙 지역 모두가 간척으로 농경지가 만들어져 비교적 넓은 교동평야를 이루고 있다.

지난 2002년 촬영된 위성사진은 교동도 일대 경기만의 모습을 잘 보여준다. 붉은색으로 표기된 산지를 보면 상대적으로 북한 황해도 지역에서 숲이 많이 사라졌음을 보여준다. 교동도는 산지를 중심으로 과거 3개의 큰 섬이었음이 확인되고, 농업에 중요한 동쪽의 고구저수지와 서쪽의 난정저수지가 보인다.

교동도는 한강, 임진강, 예성강을 통하여 육지와 연결된다. 이들 하천을 통해 육지로부터 많은 퇴적물이 경기만에 쌓이면서 외해로 나가더라도 가까운 곳은 깊이 40m 이하의 해저퇴적층이 넓게 발달한다. 과거 6000~8000년 전 해빙기 이후 해수면이 현재의 높이로 정착되면서 바다에 많은 퇴적층이 만들어졌다. 이러한 현상은 서해의 전반적인 경향이긴 하지만, 만을 이루고 있는 지형과 여러 큰 하천이 쏟아내는 퇴적물 등은 경기만을 퇴적층 발달이 가장 뛰어난 곳으로 만들었다.

과거 역사적으로 교동도는 어업과 염업이 발달했다. 현재는 남북관계로 인해 모든 해안은 출입이 금지되고 남산포만 포구와 어선 정박이 허용된다. 경기만의 평균 조차는 572cm이며 사리 때는 780cm, 조금 때도 340cm에 이를 정도로 조차가 심하다. 한강, 예성강, 임진강으로부터 유입되는 비교적 미세한 토사로 인해 바닷물은 매우 흐리다. 수심은 일반적으로 10m 이하로 낮은 편이다. 말탄포 앞 10m, 교동대교 인근 호두곶은 20m까지 나오지만 대개 5~10m 정도이다. 유속은 매우 빠른 편으로 최대 1.8m/초까지 나온다. 교동도와 석모도 사이의 유속은 썰물 때 1.42m/초, 밀물 때 1.34m/초로 빠른 편이다. 이곳에는 유기물이 많아 다양한 어류와 새우류가 많이 잡힌다. 6월 새우, 5~6월 밴댕이, 겨울 숭어, 봄철 농어 등이 대표적이다. 6월 새우젓을 육젓이라고 하며 최상품으로 친다.

비무장지대(DMZ)는 동해안 고성군에서 서해안의 김포, 강화도, 교동도를 거쳐서 강화군 서도면 말도리 해역까지 이어지는데 155마일, 248km에 이른다. 더 서쪽으로는 황해도 남쪽 해역에서 북방한계선

옛 모습을 고스란히 간직한 교동도 대룡시장

(NNL)이라 불리는 남북 간 경계선이 연평도, 백령도까지 이른다. 남북 간의 경계선은 지형과 해안 조건에 따라 3가지다. 철책선 DMZ, 철책선 없는 해양과 하천 DMZ, 그리고 해양 북방한계선 NLL이다. 내륙 쪽으로는 군사분계선(MDL)이 분명하게 정해져 남북을 가르고 있지만, 서해안 쪽은 바다 자체가 경계이고, 임진강 하구는 하상이 경계대이므로 군사분계선 장치가 없다.

 교동도는 앞서도 언급했듯이 쌀농사의 섬이다. 다른 작물이 거의 없고 쌀이 농산물의 대부분을 차지한다. 추수가 지나면 많은 낙곡들이 논바닥을 덮는다. 남북을 오가는 철새들의 먹이 낙원이다. 바다 건너 북녘에는 역사 이래 한국의 곡창지대인 북한 연백평야가 펼쳐져 있다. 철새들은 바다를 질러서 남북을 오간다. 교동도는 평야와 함께 해안의 넓은 갯벌 또한 새들의 낙원이 된다. 교동도를 드나드는 철새로는 청둥오리, 황오리, 큰기러기 등 오리와 기러기 종류들이 많다. 봄, 가을로 도요, 물떼새도 들린다. 여름에는 러시아, 알래스카 등에서 번식을 마친 민물도요, 붉은어깨도요, 큰뒷부리도요, 흰물떼새, 왕눈물떼새 등이 이곳을 찾아온다.

강원도, 한국 감자 200년 역사의 땅

한국 감자의 원조는 당연히 강원도다. 감자를 한자말로 북저(北藷), 토감저(土甘藷), 양저(洋藷), 지저(地藷)라고 하는 것을 보면 북쪽에서 들어왔다. 원산지는 남미 안데스 산록이며, 16세기 스페인을 중심으로 식민 지배를 하던 유럽으로 들어가서 유럽 근대사에서 아일랜드 기근을 막는 데 기여하고, 독일의 식량에도 도움을 주었다. 1885년 반 고흐의 그림 「감자 먹는 사람들」은 기근을 막은 감자의 모습을 잘 보여준다. 당시 유럽 인구 증가에도 기여했다고 한다. 아시아에는 독일을 통해 중국으로, 그리고 한국으로 들어온 것으로 본다. 원산지 안데스 산록에서는 냉동과 건조를 몇 년간 반복하며 보존한 감자를 추뇨(chuno)라 하는데 지금도 주민들의 주식이다.

이규경이 쓴 『오주연문장전산고(五洲衍文長箋散稿)』를 보면 감자는

강원도 감자밭

1824년에 관북으로 들어왔다. 한국인들은 흉년에 감자로 자주 기근을 넘겼다. 감자는 산지의 지형과 기후 특성을 가진 강원도 많은 지역에서 주식이었고, 남쪽 경상도에서는 가뭄에 구황작물 역할을 했다. 필자가 어릴 때 살던 경남 함안에서도 쌀농사가 시원치 않았을 때, 감자 수확철에 밥에 감자를 섞어 쌀을 절약했다. 쌀과 보리 외에 끼니를 이어준 것이 고구마, 옥수수와 함께 감자였다.

감자를 주로 심는 강원도 산간 농민들을 '감자바위'라고 부르기도 했다. 소박하고 부지런하다는 느낌과 함께 힘들게 농사짓는 모습을 표현한 것이 아닌가 한다. 그리고 1960년대 화전민들의 대표 작물과 식량도 옥수수와 감자였다. 감자는 농사짓기에 손이 덜 가서 소중했다.

『조선농회보(朝鮮農會報)』 1912년 7월호에 의하면, 1879년 선교사가 감자를 들여왔고 1883년부터 본격적으로 재배되었다. 1920년경에는 강원도 난곡농장(蘭谷農場)에서 독일산 신품종 감자를 도입해 난곡 1·2·3호라는 신품종을 개발했다. 난곡농장은 강원도 회양군 난곡면에 있었던 일본인 농장이다. 정확하게는 1920년 설립된 '난곡기계농장'이다. 이 농장에서 독일 품종의 감자와 독일산 기계를 들여와 해발 650m의 고원지대에서 대규모 기계영농으로 감자를 재배했다.

조선시대 강원도 북부 회양은 한양에서 출발해 철원, 평강을 거쳐서 금강산과 함경도로 가는 길목에 자리 잡은 교통 요충지였다. 회양에서 북쪽으로 그 유명한 고개 철령을 넘으면 안변과 원산을 거쳐서 함흥으로 그리고 백두산에 이른다. 또 동남쪽으로 가면 금강산에 이른다. 당시 철령은 군사적으로 중요한 요새를 이루고 있었다. 일제강점기에 서울과 철원에서 원산과 직선으로 연결되는 추가령을 통과하는 도로와 철도가 놓이면서 더 이상 철령은 이용되지 않고, 상대적으로 쇠퇴했다. 그러나 여전히 금강산으로 가는 길목의 역할은 남아 있었다.

난곡농장은 회양군 난곡면 산지 고원의 2만 ha에 달하는 방대한 면적에 자리 잡았다. 주체는 일본 아이치산업주식회사이고 독일인 5명도 참가했다. 이들이 참가하게 된 역사적 경위가 매우 이색적이다. 독일이 제1차 세계대전에서 패하면서 중국의 독일 조차지였던 청도(靑島)에 있던 독일인 5000명이 일본에 포로로 잡혀갔다. 일본이 뒤늦게 잠시 연합국에 참전했기 때문이다. 청도는 지금까지도 청도맥주로 유명하듯이 일찍이 독일의 맥주 제조와 기계공업 기술이 들어왔다. 이들 중 나고야 수용소에 있던 일부 독일인들이 한국의 회양군 난곡면으로 이주하게 된 것이다. 당시 독일인들은 포로이지만 독일인답게 기계에 능숙하고, 규칙적인 생활과 강한 체력을 가졌다.

'난곡기계농장'의 특징은 대규모 농장제 유축(有畜)농업이었다. 곡물과 축산을 연계해 생산, 가공, 판매까지 일관된 산업으로 발전시키고자 했다. 물론 토지개량, 품종개량 등 연구에도 투자를 했다. 오랜 화전농으로 지력이 쇠하였고, 기계농이라 하지만 자갈이 워낙 많아 돌을 골라내는 작업에서 애를 먹었다. 그러나 결국 난곡1·2·3호라는 감자 품종이 개발되면서 당시 금강산과 농장 인근에 있던 이왕조목마장, 난곡농장이 3대 명승지가 되었다고 한다.

이상의 내용은 일본인 학자가 당시 기록을 정리해 논문으로 발표한 자료다. 당시 일본인들은 조선을 수탈하기 위해 들인 노력과 성과 등에 대해 기록을 많이 남겼다. '조선의 풍수', '조선의 취락', '조선의 임수' 등 자연환경과 함께 산업 개발에 대한 기록도 남겼다.

소위 한반도 수탈 정책은 '미곡증산(米穀增産)', '남면북양(南綿北羊)', '남농북공(南農北工)' 등의 명칭으로 진행됐다. 신작로, 철도, 저수지, 광산 등이 대규모로 건설되고 개간됐다. 흥남비료, 무산철광이 대표적이고 농업에서는 동양척식이 대표적인 회사였다. 회양에서는 감자 재배와 축산업이 성행했고, 낙농업과 식품공업까지 진출했다. 인근의 북쪽 안변에는 양을 키우는 세포목장과 우리나라 최초의 스키장도 설립됐다. 현재 북한에서도 여전히 이용되고 있는 시설이다. 안변은 원산에도 가깝지만, 서울로는 추가령 구조곡을 통해 경원선으로 연결됐다.

현재 강원도에서 주로 재배되는 감자 품종은 1930년대 일본 홋가이도에서 전래된 남작(男爵)을 비롯해 돼지감자, 수미감자, 도원감자, 러셋감자 등이다. 러셋감자는 현재 미국 아이다호주에서 가장 많이 재배되는 품종이며 미국에서도 가장 많이 재배된다.

1980년대 강원도 농가의 소득 증강에 기여한 것은 씨감자 덕분이라 한다. 전에는 감자씨를 심어 최종 수확까지는 5년이 걸렸다고 한다. 씨감자는 1년이라는 빠른 생산과 높은 생산성과 함께 병충에도 강하다. 당시 씨감자는 원예조합이 사들여 전국의 감자 재배 농가에 공급했다.

1994년 강원도 평창군 대관령면 횡계리에 세워진 농촌진흥청 고령지농업시험장은 2004년 고령지농업연구소로 개편되었고, 2008년 고령지농업연구센터, 2015년 다시 고령지농업연구소로 명칭이 변경됐다. 연구소에서는 개발 육종 감자와 유망 품종을 선발해 전국 여러 지역에서 시험 재배한 뒤 우수 품종을 전국에 보급하는 업무를 한다. 감자 외에도 고랭지에서 요구되는 배추, 무, 채소 등 작물들도 연구한다.

1824년에 시작된 한반도 감자 재배의 역사는 이제 200년이 넘었다. 강원도 씨감자는 K감자로 수출까지 되고 있다. 결과적으로 한국 감자는 세계적인 수준으로 올라서면서 다양한 맛과 식품으로서 세계인의 입맛을 사로잡고 있다.

조선 선비들도 은퇴 후 살고 싶어 한 충남 내포

내포(內浦)란 해안에서 육지 안쪽으로 깊숙이 들어간 포구나 갯가를 말한다. '만의 안쪽으로 들어가 있는 갯가'라는 뜻으로 우리말 '안개'(발음상 '안깨')라고도 불린다. 그런데 이것이 특정 지역 전체를 가리키는 지명으로 사용된 것은 충남 북서부 지역을 이르는 내포가 거의 유일하다. 내포는 아산만을 끼고 있는데 아산만은 충남 북서부의 삽교천과 경기도 남서쪽 안성천이 흘러들며 경기만으로 이어진다. 좁게는 삽교천 하구 자체가 내포였고, 유궁진(由宮津)이라는 이름으로도 불렸다.

내포의 주요 지역 중 하나인 공세리(貢稅里)는 아산만의 가장 안쪽에 위치하는데 조선시대 백성들이 내는 세곡을 모아 저장하는 조창(漕倉)이 공세곶(貢稅串)에 설치되면서 발달한 취락이다.

아산만 일대는 충남과 경기를 지리적으로 구분하면서 동시에 내포를 통하여 유사한 지역성과 경제적 연결성을 가진다. 아산만과 삽교천을 중심으로 불리던 내포는 인식의 영역이 넓어지면서 서쪽 태안반도까지 포함한다. 그래서 내포는 예산, 당진, 서산, 홍성, 태안까지 이르는, 말하자면 차령산맥의 서북쪽을 모두 아우르는 용어로 지칭된다.

 자연적으로 충남은 공주와 부여, 논산을 잇는 금강문화권과 예산에서 태안에 이르는 내포문화권으로 구분된다. 따라서 흔히 예당평야로 불리는 예산과 당진을 포함하는 삽교천 하구의 평야지대는 내포평야로도 불린다. 예당평야는 기존의 오랜 지질시대를 통해 풍화된 평탄지와 함께 하천 유역, 하천과 해안 간척, 예당 및 합덕 저수지 개발 등으로 서해안에서 중요한 평야로 발전했다. 이러한 평야의 농경은 태안반

공세리성당이 들어선 충남 아산시 공세리는 내포의 주요 지역 중 하나다.

도 및 경기만의 어업과 함께 지역의 경제를 살찌우면서 조선시대 한양의 선비들이 귀촌하여 살고 싶어한 곳이 되었다. 중국과 가까운 지리적인 조건으로 중국과의 교역이 빈번했고, 종교적으로는 조운의 안전을 비는 불교도 융성했다. 조선 말기 서양의 천주교가 전파될 때에도 선구적으로 좋은 대상지였다. 한국 최초의 사제인 김대건 신부와 연관된 공세리성당이 좋은 사례다.

내포는 지역적으로 비교적 뚜렷한 경계선이 존재한다. 충남 중심부에서 북동·남서 방향으로 달리는 차령산맥은 충남을 북서, 남동으로 가른다. 차령산맥 북서부에 해당하는 지역을 크게 내포라고 불러왔다. 내포는 그 의미상 해안에 접하는 평지와 산록으로 연결된 지역이다. 특히 차령 이북의 중심에 자리잡은 가야산지는 입지적으로 내포의 중심을 이뤄, 가야산지를 둘러싼 지역을 내포라고 여긴다.

차령산지에 의한 충남의 지역성 분리는 마한과 백제 등 역사에도 반영되어 있다. 충남은 사실 서북부의 내포와 동남부의 공주·부여권과 구분된다. 수도 한양과 호남을 연결하는 국토의 주로는 천안에서 차현(車峴·차령)을 넘어 공주, 이산(尼山·현재 논산시 노성면), 은진으로 이어진다. 충청도의 핵심 루트다. 상대적으로 서북의 내포 지역은 국토 주로에서 벗어나 있다. 따라서 임진왜란, 병자호란, 6·25 등에서 군사 이동의 중심 전선에서 벗어나 있어 어느 정도 상대적 안전이 이뤄졌다.

내포 지역은 지리적인 개념으로는 존재했지만 역사적으로 삼국시대 이래 공식적인 행정구역이거나 법제적인 단위는 아니었다.『세종

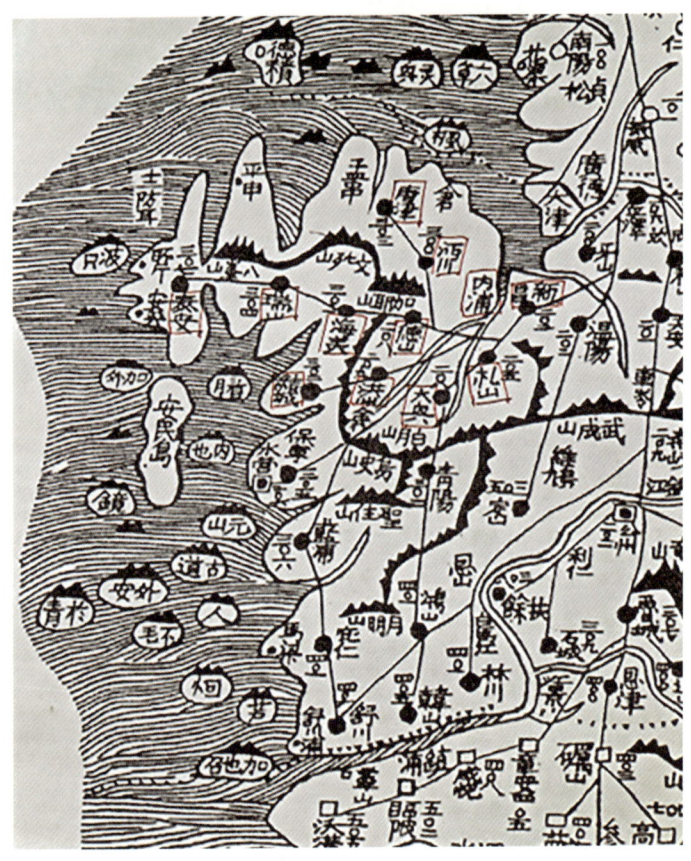

1860년대 발간된 「대동여지전도」. 표시된 곳들이 내포의 읍들이며 삽교천의 내만에 내포가 표시되어 있다.

『실록』에는 "내포에는 10여 행정구역이 있는데, 홍주, 결성, 해미, 태안, 서산, 면천, 당진, 덕산, 예산, 신창 등이다."라고 했다. 18세기 『영조실록』과 『여지도서』에는 위 10현에 더하여 서천, 온양, 평택, 남포, 청양, 보령, 비인, 보령, 아산을 포함해 '내포 18읍'이라 했다. 내포 지역의 영역은 사용자에 따라서 어느 정도 융통성이 있었음을 알 수 있다. 현재의 행정구역을 놓고 보면 그리고 많은 기존 자료를 비교하면, 대체로 예산, 당진, 서산, 홍성이 그 중심이 된다. 여기에 인근을 더 포함하면 아산, 태안 등이 추가된다. 더 넓게 보는 문헌들에서는 해안 지역의 서천과 보령을 포함하기도 한다.

사실 내포는 충남의 중심이라고 할 공주와 부여와는 거리를 가진다. 역사적으로도 공주와 부여 등은 전라도와 연결되는 주된 영역이었다. 말하자면 차령산지를 경계로 인문사회적으로 '내포문화권'과 '금강문화권'이 비교적 뚜렷이 구분되는 것이다. 고구려와 신라에 밀려 백제 문무왕 때(475) 도읍을 웅진으로 옮기고, 538년에 다시 도읍을 사비로 옮겨갈 때도 내포는 그대로 백제에 남았다. 충청과 전라 그리고 수도권 지역에서도 조금 벗어난 곳이어서 한가한 지역성을 유지해나갔던 것이다.

내포의 지역 방언도 경기와 전라도의 영향을 덜 받아 독자성을 가지고 있다. 예를 들어 축약언어로 말(마을), 눈밥(눌은 밥)이 있고, 모음의 특이성으로 넘(남), 너물(나물), 같이요(같아요) 등을 볼 수 있다. 조선시대 선비들의 글 문화로 시조짓기가 있는데, 지역에 따른 시조 유형인 향제(鄕制)를 보면 한양과 경기의 경제(京制), 호남의 완제(完制), 영남의 영제(嶺制)와 비교되는 내포제(內浦制)가 있다. 상대적으로 좁은 지역 내포에서 자체적인 시조가 전승된 것을 보면, 지리적인 위치를 반영하는 문화적인 독자성을 가진 것이다.

내포의 지형은 중앙에 남북으로 가야산지가 발달하고 동쪽은 아산만으로 열려서 발달하는 개방형 내포분지 평야가 형성되어 있다. 서쪽에는 가로림만과 천수만의 해안에 분지형 평야가 발달한다. 가야산지는 내포지역을 대략 동쪽의 내포평야와 서쪽의 태안반도로 나눈다. 지체적으로 남북 및 동북서남향 구조선이 해안 방향으로 발달한다. 이들 내포 지역은 지난 빙기에 형성된 화강암의 침식 와지와 간빙기 해진으로 충적평야가 발달하고 있다. 따라서 토질은 내륙 충적분지보다 비옥해 농업 생산성이 높은 편이다. 그리고 100m 내외의 낮은 구릉대도 잘 발달하고 있는데, 개간 과정에서 남은 식생지와 차후 조림지 그리고 농경지 및 촌락 공간들이 잘 어울린다.

비산비야(非山非野)의 산과 들, 넓은 충적지와 하천, 저수지의 수자원, 바다와 갯벌의 해산물이 집산되는 이러한 특징으로 내포는 풍요의 땅으로 여겨졌다. 여기에는 서해 해운의 이점도 함께한다. 풍요와 더불어 한양에 가까우니 조선시대 많은 선비들이 한양에서 은퇴하면 이곳으로 귀향한 것이다.

우리 국토의 자산 황토를 찾아서

　황토(黃土)는 우리나라 거의 전역에서 표토를 이루는 토양으로 오랜 풍화의 산물이다. 우리에게 매우 친밀한 토양이지만 학술적으로는 '적색토'로 부른다. 엷은 노랑에서 아주 붉은색까지 다양하다. 남쪽과 서쪽으로 갈수록 잘 발달해 있다. 그리하여 황토는 한국, 한민족의 상징물 중 하나가 되었다.

　김동인의 「붉은 산 – 어떤 의사의 수기」는 고교 시절 국어 시간에 배운 단편소설이다. 만주 조선족 마을에서 불한당 망나니로 살던 정익호(별명 삵)가 마지막 의로운 행동을 하고 죽어가면서 "저기 붉은 산이…… 그리고 흰 옷이…….'라는 장면이 나온다. 붉은 산은 민둥산이 되어 황토가 드러난 식민지 조국을 상징했다. 그러나 이 황토밭에 핀 봄의 청보리는 또렷한 색채의 대비로 그 얼마나 싱그러운가.

한하운의 시「전라도 길-소록도 가는 길」일부를 들여다본다. "가도 가도 붉은 황톳길/숨막히는 더위뿐이더라/……/가도 가도 붉은 황톳길/숨막히는 더위 속으로 절름거리며/가는 길……". '문둥이 시인'으로 불행한 삶을 시로 승화시킨 한하운의 시는 아름답고, 그냥 슬프다. 무슨 시의 해석이 필요할까. 북에서 멀리 남쪽 소록도를 향해 충청도를 지나 전라도 길을 걸으며 그의 눈에는 끝없이 펼쳐진 산과 들의 황토가 들어온다. 우리나라는 황토의 나라다.

김동리 단편소설「황토기」의 첫머리에 나오는 글을 본다. 제목에도 황토가 들어간다. 왜 황토인가를 전설과 신화로 풀어 쓰면서 소설을 시작한다.

솔개재에서 금오산 쪽으로 뻗쳐 내리는 두 산맥이다. 거기 황토골이란 조그만 골짝 하나를 낳은 것뿐으로, 상룡(傷龍), 또는 쌍룡(雙龍)의 전설을 이룬 그 지리적 결구(地理的 結句)는 여기서 끝을 맺는 것이다.
상룡설(다친 용에 대한 전설), 여의주를 잃은 한 쌍의 용이 슬픔에 못이겨 서로 물어뜯어 피를 흘리니, 이 피에서 황토골이 생기니라.
절맥설도 있으니 그것은 다음과 같다. 당나라 어느 장사가 동국의 장사가 난다면 감히 중원을 범할 것이라 하여 이에 혈을 지르니, 이 산골에 석 달 열흘 동안 붉은 피가 흘러내리고 이 일대가 황토 지대로 변하니라.

전북 고창의 황토층

이 소설은 풍수지리설을 끌어들여 황토골을 토속적으로 해석하고 있으며 그 의미를 주인공들의 행동을 통해 드러내고 있다. 황토를 우리 국토로 의미하면서 일제강점기 민족의 암울함을 황토의 운명으로 그리고 있다.

위에서 본 소설과 시와 역사에서는 황토가 색채적으로 숲옷을 벗어버린, 암울한 국토로 그려졌다. 그러나 1894년 전라도 고부에서 전봉준이 이끄는 동학농민군이 관군에게 승리한 황토현(황토재) 전투에서는 민중 항거의 역사로서 큰 의미를 가진다.

보다 붉은색을 띠는 적색토는 호남 지방의 낮은 구릉지 풍화층에서 잘 나타나지만, 사실 우리나라 전국에 분포하고 있다. 물론 서쪽으로 갈수록 그리고 남쪽으로 갈수록 더 많이 분포한다.

황토는 대략 1~1.5m 두께의 토양층이며 짙은 노랑 혹은 붉은색을 띤 기반암의 풍화 토양이다. 남한에서는 해발 150m 이하의 경사가 완만한 구릉지를 덮고 있는 표층의 토양층이다. 그 아래에서도 기반암은 일반적으로 두꺼운 풍화층을 형성하고 있다. 암석의 구성 입자가 미립질인 편마암이 풍화해서 만들어진 황토는 점토질 성분이 많다. 그렇기 때문에 비가 오면 매우 질펀 혹은 걸쭉해지는 특성을 가진다. 우리나라 지명에서 진골은 이러한 질어지는 토양 특성에 그 어원이 있다. 참고로 중국 서부 기원의 황토는 바람에 날려와 쌓여진 토양층이다.

적색이 강한 경우에는 풍화와 침식에서 남은 산화된 금속성분(철, 알루미늄, 망간 등)의 색깔을 반영한 것이다. 적색토는 지금과 다른 환경, 말하자면 지금보다 기온이 높고 습도도 높았을 때, 즉 아열대 기후의 영향하에 놓여 있을 때 형성된 고토양(古土壤, paleosol)이다. 다시 말해 화석화된 과거의 토양이라는 것이다. 무려 신생대 3기, 즉 몇백만 년 전(대략 200만 년 전 전후)까지 거슬러가는 고토양으로 보는 이도 있다. 아무래도 기반암이 화강암이면 모래질이 많고, 기반암이 편마암이면 점토질이 많이 생산된다. 붉은 토양은 화강암과 편마암 외에도 석회암에서도 나타나는데 기후적인 요인이 크게 작용한 결과다.

철원, 창녕 같은 습지대 부근의 점토층은 회색, 청회색, 백색을 띤다. 습지에서 물에 잠기면 대기의 산소와 차단되어 산화를 못 하고 환원 환경에 놓이므로 붉은색보다는 창백한 색을 띠게 된다. 철원에서는 표면을 덮고 있는 청회색의 점토층을 '청갈매'라고 부르며 쌀 농사에 좋은

순환 임도 14.5km 구간에 질 좋은 황토 2만여 톤을 투입해 조성한 계족산 황톳길은 '맨발걷기' 명소로 각광받고 있다.

토양으로 매우 자랑스럽게 생각한다. 물론 이들도 개발에 의해 대기 중에 드러나면 산소와 결합해서 빨리 붉은색으로 변하기도 한다.

우리의 황토는 중요한 국토 자원이다. 농업, 임업, 지하수 등에서 중요한 기능을 한다. 일부 황토가 가진 광물질(미네랄)들의 다양한 기능으로 황톳길, 황토방, 황토 찜질, 황토 옷, 황토 집, 황토 팩, 황토 매트 등 다양하게 상업화돼왔다. 국내에서 유명한 대전 계족산 황톳길 바닥 황토는 매년 전북 황토층에서 가져온다고 한다.

황토도 유한한 자원이며, 표층을 형성하는 황토를 훼손하면 표토 유실과 산사태 등을 유발한다. 황토층 위에서 행해지는 농경과 취락은 중금속과 유기물 오염의 문제를 일으킨다. 높은 인구밀도와 엄청난 토지 이용의 결과다. 상업적으로 오염이 안된 황토를 찾기 위해 보다 깊게 토양층을 파면서 훼손도 심해지고 있다. 황토는 삼림과 식생을 지탱하고 농업을 유지하고 지하수를 함양하면서 걸러주는 중요한 기능을 하는 자원이며 자산이다. 우리 민족의 상징과도 같은 황토를 보호해야 하는 이유다.

'대한민국 4대 고도' 익산의 역사와 지리

 전북 익산은 서울에서 호남으로 들어오는 길목이고 여산은 그 입구다. 현재 익산은 행정구역상 익산시이며 과거 오랫동안 익산군과 이리시로 분리돼 있었다. 1906년 익산군, 1931년 이리읍, 1949년 이리시, 그리고 1995년 통합으로 익산시가 되었다. 익산시의 행정구역으로는 중심지 14개 동 외에 금마면, 여산면, 왕궁면, 황등면, 함열읍, 함라면 등등 15개 읍면이 있다. 전체 인구는 약 30만 명으로 전북에서 전주 다음이며 군산보다 인구가 많다.
 전북은 지형적으로 동쪽의 소백산지(무주·진안·장수), 서쪽의 호남평야(전주·익산·군산), 그 사이의 중산간지(임실·순창·남원)로 이루어진다. 익산은 금강 북쪽의 논산평야와 익산 남쪽의 호남평야와 연결된다. 익산은 근현대를 거치면서 호남선, 전라선, 군산선(장항선) 철도가 교차하

익산 나바위성당에 있는 김대건 신부 동상

는 호남 최대의 교통 요지가 되었다. 또한 지리적 위치, 지정학적 장소성의 영향으로 백제와 고려의 불교, 근현대의 천주교, 기독교, 원불교의 터전이 되어 현재 종교도시로서의 모습도 띤다. 익산은 고대사에서 백제 이전의 마한과 청동기, 석기시대의 문화유적도 다수 보유한다.

호남의 입구 여산은 특히 현대시조의 거두 이병기 선생의 생가와 문학관으로 유명하다. 가람 이병기 선생은 학교 교육의 중요성도 잘 인식하여 전북의 여러 초중등학교와 전국 유수의 학교들 교가를 작사했다. 경기중, 경남중, 경복중, 경북중 등 당시 명문들이 포함된다. 가람문학관에서는 가람 선생이 작사한 모든 교가를 다 직접 들을 수 있어, 그가 한국 학교 교육에 큰 기여를 했음을 잘 보여준다.

전북 익산시는 1995년 행정 개편으로 이리시와 익산군이 통합돼 이루어졌다. 고조선시대에는 건마국(乾馬國)이었고, 위만(衛滿)에 쫓긴 기자(箕子)의 준왕이 익산으로 내려오면서 마한국(馬韓國)이 됐다. 현재의 금마를 중심으로 백제시대에는 금마저(金馬渚)라 했고, 통일신라가 되면서 금마군으로 바뀌었다. 1344년 고려시대 때 원나라 순제의 왕후인 기황후의 친정이 있던 마을이라 하여 '익주(益州)'로 높여 부르다가 조선 태종 때 다시 익산으로 변경됐다.

문화유적으로는 청동기 문화와 초기 철기 문화 유적과 함께 마한과 백제, 통일신라, 고려, 조선시대 유적이 모두 있다. 그중에서도 마한과 백제 유적이 대표적이다. 마한은 진한(경북), 변한(경남)과 함께 삼한으로 불렸는데 기원전에서 대략 기원후 400년까지 경기, 충청, 전라도에 존속한 정치체제였다.

익산은 특히 백제의 수도 부여와의 연관성이 크다.『대동여지도』를 제작한 고산자 김정호는 지리지『대동지지(大東地志)』에서 익산을 백제의 별도(別都)로 기록하고 있는데, 이는 백제의 수도 사비와 버금가는 특별 수도였음을 뜻한다고 볼 수 있다. 왕궁 터와 미륵사지 터, 많은 산성들이 그 의미를 더한다. 백제 무왕의 새로운 통치 이념을 위한 철저한 계획 왕도(王都)로 개발했다고 본다. 백제가 더 존속했다면 아마 수도를 익산 금마로 이전했을 가능성도 있었다. 왕도로서 손색없는 많은

익산 미륵사지석탑

시설과 유물이 나오고 있어 백제와 마한의 역사를 살필 수 있다.

그래서인지 익산은 역대 왕조에서 수도가 된 적이 없음에도 한국의 4대 고도(古都)로 공식 인정되었다. 4대 고도는 경주, 부여, 공주 그리고 익산이다. 고도란 과거의 왕궁, 왕성, 왕릉, 왕사(王寺)가 있는 도읍이다. 익산에는 백제 무왕과 관련된 미륵사와 왕궁 유적, 쌍릉 등이 있다. 4대 고도의 보존과 육성을 위해 '고도 보존 및 육성에 관한 특별법'이 2020년 5월 정식으로 시행됐다. 이에 힘입어 익산에도 '국립익산박물관'이 설립됐다.

익산의 근현대적 발전은 일제강점기 철도 건설로부터 시작되었다. 1912년 호남선과 군산선이 개통되면서 솜리 마을에 '이리역(裡里驛)'이 들어섰고 이듬해 전라선까지 연결되어 솜리가 철도 요지로 발전하기 시작했다. 1914년 일제에 의한 행정구역 개편으로 익산, 여산, 함열, 용안 등이 통합되어 현재의 익산이 되었지만, 이때까지만 해도 익산의 중심은 금마였다.

솜리(혹은 솝리)는 '깊은 속 마을'이라는 뜻의 순우리말으로, 이것이 한자어 이리(裡里)로 변경되어 이리역이라는 역명이 붙었다. 여기서 이(裡)는 속을 뜻하는 한자 이(裏)와 뜻이 같다. 이리라는 지명은 『대동여지도』, 『동국여지승람』과 같은 고문헌과 지도에는 나오지 않는다.

솜리는 이후 철도교통의 요지로 크게 성장하였다. 이를 배경으로 금마에 있던 익산의 행정 중심를 솜리로 옮겼고, 1931년 전격적으로 익산의 지명도 솜리의 한자 지명 '이리'로 바꿨다. 해방 이후 이리시와 익산군으로 분리되었다가 1995년 다시 통합되어 익산시가 됐다. 이때 이리시가 아닌 익산시로 명칭이 변경된 것은 1977년 11월 11일 일어난 이리역 폭발사고의 부정적 이미지 때문이다. 그럼에도 익산에는 이리초, 이리중, 이리고, 이리공고 등 이리 명칭 학교들이 많이 남아 있다. 그리고 여전히 익산의 경제와 행정 중심지도 과거 이리에 있다.

익산은 화강암 지대로도 유명하다. 한국을 대표하는 화강암으로 1억 5000만 년 전 중생대 쥐라기, 백악기의 질 좋고 아름다운 화강암이 분포한다. 그 중심에 황등면이 있다. 이곳에는 국내 최대의 화강암 채석장이 있으며 그 품질도 우리나라 최고다.

지형적으로 익산은 북쪽으로는 금강, 남쪽으로는 만경강이 경계를 이룬다. 동쪽으로는 노령산맥의 지맥이 경계가 되고 서쪽으로는 호남평야의 군산과 경계를 이룬다. 행정적으로는 북쪽으로 부여군과 논산시, 동쪽으로 완주군, 남쪽으로 김제시와 전주시, 서쪽으로 군산시와 맞닿아 있다. 호남평야만 놓고 보면 평야의 북동부에 해당한다. 일제강점기와 해방 이후 경제개발에 따른 대규모 평야 개척은 익산에서는 만경강을 중심으로 이루어졌다. 조선 말과 일제강점기의 거대한 저수지였지만 지금은 사라진 황등제는 당시 익산 농업의 큰 힘이었다.

익산역은 철도 호남선, 전라선, 군산선의 교차역으로서 지역의 다양한 농업 물산의 집산지 역할을 해왔다. 사실 평야를 지형적으로 보면 북쪽의 논산평야, 익산평야, 남쪽의 호남평야, 나주평야가 연결돼 있다. 익산은 지형, 물산, 장소와 위치, 역사와 문화 등에서 풍요로운 지역이다.

'댄디보이' 이효석의 평양 생활

단편소설의 백미로 꼽히며 중등 교과서에도 실린 「메밀꽃 필 무렵」과 수필 「낙엽을 태우면서」로 잘 알려진 작가 이효석(1907~1942)은 근현대 문학가 중에서 구체적으로 지리와 지리적 개념을 많은 작품에 직접 언급한 보기 드문 작가다. 가산 이효석은 태생적인 자연미(自然美)를 존중하면서도 '첨단의 도시미(都市美)'에도 천착한다. 자연미와 도시미, 서구미(西歐美) 등과 함께 도시와 농촌, 산골, 해안, 대하천 등에 있어서 장소와 지리에 대한 구체적이고도 실제적인 분석과 기술이 탁월하다.

이효석은 한국 문학과 프랑스 문학을 비교하면서 풍토의 차이를 다음과 같이 말한다.

결국 위도와 지리의 탓이라고 생각한다. 문학과 풍토 내지 문학과 기후

는 결코 새로운 제목은 아닐 것이다. 풍토와 기후는 생활을 규정하고, 생활을 비추어낸 것이 문학일지니 문학과 풍토의 관련은 심히 큰 것이다. 격정이 없는 이 가난한 풍토와 거세된 환경에서 발자크적 훌륭한 문학을 낳는다는 것은 극난의 일이다. (수필「북위 42도」중)

'메밀꽃 필 무렵'의 작가 이효석

    이효석은 1907년 강원도 평창에서 태어나 초등학교(평창보통학교)를 졸업할 때까지 살았다. 초등학교 시절에는 봉평의 자택과 거리가 40km 떨어져 있는 학교 인근에서 하숙을 했다고 하는데, 이 초등학교가 평창군에서 유일했기 때문이다. 당시 부친은 진부면장을 역임하고 있었다. 초등학교 입학 전 부친의 직장(교육직 공무원)으로 인해 경성(서울)에서 잠시 살았지만 다시 평창으로 내려가 초등학교에 입학을 했다. 경기고보와 경성제대 영문과를 졸업하고 총독부 도서과 검열계에 취업해 있는 동안에는 1920년부터 1930년까지 10년을 서울에서 살았다. 총독부 직원으로 근무하는 동안, 한국 지식인들의 많은 비난을 받았다. 매우 짧은 기간을 지내다 사직했다.

 이효석은 1931년 함경북도 경성 출신의 미술학도 이경원과 결혼을 하면서 함경북도 경성농업학교 영어교사로 약 4년을 살았다. 그 뒤 1934년부터 1942년 세상을 뜰 때까지 평양에서 지내며 숭실전문학교

평양에서 영어과에 교수로 재직했던 이효석

크리스마스트리 앞의 이효석

와 대동공업전문학교 영어과 교수로 재직했다. 사실 그의 많은 작품들은 함북 경성과 평양에서 만들어졌다. 경성과 평양에 있는 동안에는 만주와 연해주 등을 자주 여행했다. 개인적인 어려움과 휴식이 필요할 때마다 여행을 한 것이다. 그러나 그의 작품에서 만주와 연해주 외 일본, 중국 등 가까운 해외 방문 관련 내용은 거의 나타나지 않는다.

평양에 대한 작품들에서 대동강 지형, 평양의 문화유적, 대동강 보트놀이, 평양의 식당, 평양의 다방, 꽃집, 주점, 공연장 들은 평양의 도시구조를 설명하면서 언급되는 것들이다. 다방을 비롯한 주점과 요정도 늘어나서 평양의 중심가가 번성하고 있음을 잘 설명한다(「물위」「유도소식」 등). 대동강, 을밀대, 부벽루, 전금문(轉錦門), 청류정(淸流亭), 대성산

1930년대 평양의 중심지 남문통 모습

고구려 유적 등의 명승과 문화유산도 묘사한다(「은은한 빛」). 반월도(「물위」), 주암산(「유도소식」) 등의 자연경관들도 언급된다. 평양의 도시 구조와 인접한 근교와 원교를 결합한 거대 도시권에 대한 의견도 가진다.

광장이 있고 언덕이 있으며 폭포가 있고 호수가 있어서(…) 호수에 배를 띄우고 광장에 홀을 만들고 조명을 밝히고(…) 온갖 근대시설을 갖춘다면(…) 평양이 인구 수백만의 대도시로 발전하여(…) 평양은 가까이에 강을 끼고 있으니 행복한 줄 알아야(…) 여름철에 평양부 인구의 몇 분의 일이 (여기서) 살다시피한다. (「물위」중)

「메밀꽃 필 무렵」을 제외하면 그의 다양하고 방대한 작품들은 대부분 현대적, 도시적 특징을 잘 보여준다. 작품 속 일상생활 장소와 지역은 도시, 도심지와 교외 주택, 휴양지, 국내외 여행지가 주류를 이룬다.

도회적, 모더니즘적인 취향이 많았던 이효석의 작품에서 도시적인 '경물(景物)'에 대한 것이 많다. 커피(자바, 모카 등 품종도 언급), 맥주, 위스키, 포도주, 머루주, 아파트, 호텔, 백화점, 서점, 다방, 레스토랑, 카바레, 방송국, 신문사, 음악 연주홀, 영화관, 토키(talkie), 대학 강의실, 만찬, 정원수, 보일러, 욕실, 목욕실, 목욕통, 보트, 별장, 극장, 냉난방, 온실산 양딸기, 잼, 소세지, 버터, 통조림, 우유, 크리스마스 트리, 색 전기(크리스마스 트리 전구), 스키, 스케이트, 등산 피켈 등이 그렇다.

이러한 용어들은 지금으로 보아도 그리 오래되거나 낯설지 않고, 경제적 수준 면에서도 높은 편이다. 그는 당시로서는 앞선 '댄디보이'의 모습을 보여주었던 셈이다.

이효석의 잘 알려진 수필 『낙엽을 태우면서』(1938)는 그의 서구적 모더니즘을 매우 잘 보여준다. 어두운 식민지 시절에 이러한 낭만적인 모습을 글로 남기기는 쉽지 않겠지만, 혹은 어두운 시기를 기피하면서 개인적인 생활에 은닉되는 모습으로 여겨지기도 한다.

30여 평에 차지 못하는 뜰이언만 날마다 시중은 조련치 않다. 낙엽 타는 냄새같이 좋은 것이 있을까. 가제 볶아낸 커피의 냄새가 난다. 백화점 아래층에서 커피의 낟은 찢어가지고는 그대로 가방 속에 넣어가지고 전차 속에서 진한 향기를 맡으면서 집으로 돌아온다. 올겨울에도 또 크리스마스 트리를 세우고 색 전기로 장식하는 것을 생각하고 눈이 오면 스키를 시작해 볼까.

특별한 예로 그의 수필집 『채롱』(조선일보, 1938년 4월 28~5월 5일)의 「우유」편이 있다. 우유에 대한 깊은 애정을 담고 있으며 시민들의 생활과 연관된 미래지향적 도시에 대한 상상력을 발휘하고 있다. 그의 표현대로 '현대인의 환상'이기도 하다.

시민마다가 우유를 풍족히 마실 수 있다면(…) 거리의 복판마다 우유 탱크를 세우고(…) 시민에게 자유롭게 마시게 하거나(…) 수도와 마찬가지로 우유도(牛乳道)를 만들어 각 가정에서 나사만 틀면(…) 언제든지 쏟아지게 하는 설비를(…) 충심으로 원하는 바이다.

이효석의 작품에는 그의 공간 인식을 살펴볼 수 있는 사례들이 많다. 즉 공간과 장소에 관해 서지학적 발굴 가치가 있는 자료들을 많이 남기고 있다. 자신의 평전적 요소와 함께 문학지리 분석의 대상이다. 평양에서의 생활을 담은 그의 작품들이 좋은 사례이다. 이는 100년 전 평양을 연구하는 역사지리이기도 할 것이다.

아름다운 섬 거제의 역사

 거제도는 우리나라에서 제주도 다음으로 큰 섬으로 모래해안보다 몽돌해안(둥근 자갈 해안)이 많다. 남녘의 맑은 해안에서 자갈과 파도가 얽히는 소리가 끝없이 반복되는 아름다운 섬이다.

 구조라해수욕장은 남해의 상주해수욕장과 함께 남해안에서 유명하다. 구조라성이 있는 곳은 원래 섬이었는데 와현해수욕장의 사빈과 엮여져서 육지와 연결됐다. 부산의 동백섬과 비슷한 연계지형이다. 빙하기가 물러난 다음 현재와 비슷한 해수면을 가졌던 대략 6,000~7,000년 전 이후부터 육지와 연결되기 시작했던 것으로 여겨진다.

 구조라해수욕장과 와현해수욕장은 고운 모래가 가득한 해수욕장이다. 이런 모래해수욕장은 이곳이 화강암 지대이기 때문이다. 모래 생산은 강이나 바다나 화강암이 단연 으뜸이다. 반면 학동의 몽돌해수욕장

구조라성에서 바라본 구조라해수욕장(왼쪽)과 구조라항

학동몽돌해안의 몽돌 모습

은 상대적으로 풍화와 침식에 강한 중생대 퇴적암지대다. 거제 해금강의 단애들도 단단한 퇴적암이 풍화와 침식에 살아남아 있는 것들이다.

 거제는 삼한시대 변한의 독로국을 거쳐서 가야시대에는 소가야국에 속했다가 금관가야국에 속했다. '독로'는 이두어로 '두르다'의 뜻으로 네 방향을 바다가 두르고 있다는 의미로 풀이한다(정약용, 『아방강역고』). 지금 쓰고 있는 거제라는 이름은 신라 경덕왕 16년(757)부터 이어진다. 거제(巨濟)의 지명 어원에서 가장 유력한 것은 '섬'이라는 뜻의 거(巨)와 '구제한다'의 제(濟)가 합쳐졌다는 것이다. 또 큰 섬으로 많은 작은 섬을 거느린다는 뜻으로도 본다. 과장이 심하지만 '거제계룡산하 구백만(巨濟鷄龍山下 求百萬, 거제의 계룡산 아래 땅에서 백만을 먹여 살린다)'이란 말이 구전으로 내려온다. 혹시 조선산업이 발전할 것을 예언했는지도 모른다. 대우조선(현재 한화오션)과 삼성중공업이 들어서기를 오래전 기대했나 싶다.

　2005년에 발간된 『한국지리지 경상편』을 보면 거제권(거제, 통영, 고성)은 조선업이 그 중심으로 경상도 내에서는 타의 추종을 불허한다. 계수가 29.38로서 그 다음의 울산권의 16.09, 창원권의 4.55와 비교할 때 월등히 높다. 어업의 입지계수도 거제권이 14.87로서 2위인 포항권(포항, 울릉, 영덕)의 3.40과 3위 진주권(진주, 사천, 남해, 하동)의 2.61과는 비교가 안 된다.

　2008년 답사수업으로 학부생들과 함께 거제로 갔다. 몽돌해안, 해금강, 구조라해안, 외도, 포로수용소, 대우조선 등을 답사했다. 거제를 대표하는 볼만한 공간과 장소들이다. 해금강을 유람선으로 돌 때의 선장이 내뱉는 구수하고 청산유수 같은, 전설따라 삼천리를 곁들인 거제 소개를 잊을 수 없다.

옥포 한화오션(옛 대우조선) 거제사업장

　옥포만에 위치한 대우조선은 김우중 대우그룹 회장의 유명한 책 『세상은 넓고 할 일은 많다』가 탄생한 곳이다. 옥포해전을 치른 이순신 장군을 상기하듯 김 회장은 늦은 밤에 고요하기 그지없는 옥포조선소의 숙소에서 달빛 어린 바다를 보면서 이 글을 적노라고 했다. 당시 많은 젊은이들에게 희망과 용기를 주었다고 본다.
　김우중 회장이 옥포만을 택한 것은 지리적인 조건을 감안했을 것이다. 옥포 해안은 북으로 바다가 열려 있다. 남쪽 바다에서 오는 태풍의 거대한 파도를 피할 수 있다. 태풍 진로와 정확히 반대된다. 만안에 바로 인접한 남쪽의 옥녀봉은 555m, 서쪽의 국사봉도 462m에 달한다. 바다에서 바로 솟아 있으므로 보이는 높이는 더 크다. 그리고 리아스식 해안이라 항만이 깊다. 조수간만의 차이가 매우 적다. 부산과 가까움도 유리하다. 배후지에 비교적 넓은 해안 평야가 있다.

소설『칼의 노래』에서 작가 김훈은 이순신 장군의 생각을 다음과 같이 그리고 있다. "옥포만에서 바다는 자루처럼 오목하게 섬의 안쪽을 파고들어 갔다. 외해로 드나드는 만의 어귀는 좁았다. 생사의 멱통과도

1860년 제작된 고지도『동여(東輿)』속 거제도

같았다. 그 멱통에서 삶과 죽음은 포개져 있었다." 오늘날은 그 멱통 부분을 팔랑포방파제와 느태방파제로 더욱 조이고 있다. 먼 바다의 파랑이 만내로 들어오기가 더욱 힘들다. 이순신 장군이 왜군의 배들을 수장시킨 곳에서 배를 만들고 있는 것이다.

그리고 바다 뱃길에 중요한 지점으로 거제의 북단에 영등포가 있었다. 바닷바람이 해가 없도록 영제를 올리는 곳이다. 지금은 구영등포의 약자로 구영리, 구영항 등으로 나온다. 영등포는 이순신 장군의 『난중일기』에 매우 자주 나오는 전략적 요지였다. 이후 자리를 옮긴 영등포는 고지도 『동여(東與)』에는 서쪽 끝자락에 표시되어 있다.

거제가 유배지로 많이 이용된 것은 수도권(개경, 한양 등)에서 멀리 떨어져 있기 때문일 것이다. 고려의 최고 문인인 이규보는 거제를 "독한 안개와 회오리바람과 벌보다 큰 모기"라는 표현을 써서 무서운 곳으로 그리고 있다. 유배지를 위한 외떨어지고 험한 섬으로 적합했다는 것이다. 고려 18대 왕 의종이 유배를 왔고, 고려가 멸망하면서 많은 왕씨들이 들어와서 왕(王)에 점 하나 찍어서 옥(玉)씨로 바꾸었다는 것은 널리 알려져 있다. 조선 왕조가 어디 그것을 몰랐을까? 거제가 워낙 멀어서 그들이 소란 없이 조용히 살 것으로 믿었기 때문에 그냥 두었을 것이다. 옥포도 옥씨가 많이 살아서 이름이 붙여졌고 옥개라고도 했다.

거제가 포로수용소가 된 것도 거제의 지리적 위치 때문일 것이다. 1950년 11월 27일 포로 대우에 관한 제네바 협약에 의하여 '포로들에게 위협이 없을 정도로 전투지역으로부터 충분히 떨어진 지역에 위치'

거제포로수용소(1952)

하는 거제에 자리를 잡았다. 유엔군의 최고 후방 교두보인 부산도 가깝고 일본의 미 극동사령부로부터도 가까웠다. 그리고 거제 신현의 깊고 긴 계곡은 북한과 중국의 포로 13만 명과 감시하는 유엔군을 수용하기 충분하다고 본 것이다. 현재 포로수용소 유적공원으로 보존되어 당시의 모습들을 잘 보여주고 있다.

거제는 섬으로 육지와 분리되어 있지만 부산과 너무 멀지 않다. 김영삼, 문재인 2명의 대통령이 거제에서 나왔는데 모두 부산에서의 학창생활이 있었다. 거제현, 거제군, 거제시에 이르기까지 오랜 역사와 지리의 산물로 현재의 거제가 만들어졌다. 부산과 통영에 교량으로 연결돼 이제는 육지나 다름없다. 거제는 창원, 부산, 울산으로 이어지며 우리나라 동남해안의 거대한 도시권과 산업권을 이루고 있다.

철새와 비행기의 공존, 한국의 공항을 돌아보다

2024년 12월 29일 발생한 무안공항 참사로 탑승객 179명이 세상을 떠났다. 그리고 사고 발생 11일 만에 희생자 분들 모두가 영면에 들었다고 언론은 전했다. 참사의 원인으로 조류 충돌, 활주로의 길이와 로컬라이저, 저비용 항공사들의 무리한 운행 등이 문제로 제시됐다. 이를 계기로 간단하나마 한국 공항의 역사와 지리적인 조건을 살펴보자.

이번 무안공항 사고의 1차적 원인은 새떼 충돌(bird strike)이라고 보고 있다. 엔진에서 깃털 흔적이 발견됐다. 무안공항뿐 아니라 울산공항, 김해공항도 새떼의 영향이 자주 보인다고 했다. 일부러 새떼가 많은 곳에 공항을 만든 것은 아니다. 공항의 필요성은 항공 수요가 있기 때문인데, 당연히 인구가 많은 대도시권의 인근이 요구된다. 하지만 도시권의 주거지는 물론 대규모 산업지역 그리고 농경지에는 공항이 들어설 수 없다. 그러다 보니 여유 있는 공항 대상 지역은 대규모 하천변과 범람원, 해안에 가까운 평지와 간석지, 낮은 해수면의 해안 지역 등이 될 수밖에 없다. 넓고 긴 평지 공급은 이러한 지역밖에 없다. 매립과 간척이 가능하므로 하천과 연안이 충분한 면적의 좋은 조건이다. 그런데 이런 지역은 상대적으로 인적이 드물어 먹잇감과 함께 철새들의 이동로와 계절 주거지로서도 적절하다. 철새들을 모조리 물리칠 수가 없고 물리쳐서도 안 된다. 자연적 현실이다. 철새와 함께할 수 있도록 공항학과 생태학, 지형학의 치밀한 조화가 필요하다.

우리나라는 철새의 나라다. 여름과 겨울철의 기온차가 40~50도에 이르는 4계절 지대이며, 거대한 유라시아 대륙과 태평양 해양이 바로 접하는 자연 생태의 지정학이 첨예한 지역이다. 철새들이 겨울과 여름을 오가고 대륙과 해양을 오가는 길목이다. 우리에게 주어진 피할 수 없는 자연 조건인 것이다.

우리나라의 항공 수요 증가는 경제발전과 함께했다. 세계적인 인구조밀국이며, 평지 비율이 30%인 국가이면서도 경제적으로 선진국이 되면서 해외 왕래가 매우 많은 국가가 되었다. 1960년대 독일로의 광부 및 간호사 파견과 1970년대의 베트남전과 중동 건설, 미국을 비롯한 다양한 국가로의 이민 등으로 항공 수요는 급증하기 시작했다. 1970년대 공항에서의 이별과 만남은 많은 사람들의 가슴을 적셨다. 당시 저음의 여가수 문주란은 1972년부터 공항에 관한 노래 4개를 불러 당대 큰 히트를 쳤다. '공항의 이별', '공항에 부는 바람', '공항이여 잘

인천국제공항 건설 당시의 모습. 인천국제공항은 영종도, 삼목도, 용유도 사이를 매립하여 세웠다.

있거라', '공항대합실' 등 문주란의 공항 시리즈는 잘 알려져 있다.

현재 인천공항, 김포공항, 김해공항, 제주공항 등의 국제공항은 이용객수가 엄청나고 흑자를 이루는 4대 공항이다. 이들 공항은 서울과 부산의 인구 밀집 대도시와 최고의 관광도시 제주의 지리적 특성을 반영하고 있다. 특히 2001년에 개항한 인천공항은 세계 최고의 공항에 매번 이름을 올리고 있는데 시설과 운영에 있어 최첨단 공항이다. 조수간만의 차가 거의 9m에 이르는 경기만에서 영종도, 삼목도, 용유도를 연결하는 간척과 매립 사업을 통해 만들어졌다. 지역사회의 요청으로 건설돼 운용되고 있는 전국의 15개 공항 중 위의 4개 공항만이 흑자이다. 도시 인구의 크기와 매우 밀접하다. 적자 공항을 계속 유지하기보다는 지역별 주요 거점 공항을 지정하고 그 지역 내부를 육상 교통망으로 연결하는 방안을 고려하면 어떨까 한다.

현재 새로이 부산의 가덕도, 울릉도, 흑산도, 백령도 등에 공항이 건설 중이거나 계획 중에 있다. 백령도 사곶해안 사빈은 6·25 때 유엔군 군용 활주로로 이용됐고 지금은 천연기념물로 보존돼 있다. 울릉도와 흑산도는 좁은 면적으로 소형 비행기가 다닐 수 있도록 하면서 날씨 관계에 철저히 대응해야 할 것이다. 가덕도 공항은 부산 김해공항의 보조적 기능을 할 것으로 본다.

대한민국 초기의 민간공항은 서울 여의도공항과 부산 수영공항이 대표적이다. 당시 경기도 고양군 용강면이었던 여의도공항은 일제강점기인 1916년 군사공항으로 시작했다. 1953년 국제공항으로 승격했

6·25 당시 부산공항에서 이륙하는 미군 B-26 폭격기

미군정기인 1945년 발행된 서울도시계획도 내 여의도 군사공항 모습. 왼쪽 아래가 활주로, 위쪽은 산개형 항공기 분산 계류장이다.

지만, 한강의 홍수가 심해지면 자주 범람한다는 가장 큰 약점이 있었다. 결국 1958년 국제공항의 기능이 서울에서 조금 멀어진 김포국제공항으로 이전했고, 활주로도 길어졌다. 여의도공항은 한동안 군사공항으로 남아 있었지만, 이것도 1971년 성남 공군기지로 이동하면서 여의도에서 완전히 사라졌다.

공항이 사라지면서 그 넓은 평지는 여의도광장으로 불리며 국가적 행사가 자주 열렸다. 군용항공기 전시회도 열렸다. 현재는 국회단지, 금융지역, 아파트지역, 상가지역이 자리잡고 있는 첨단의 대도시 권역이 되었다. 영등포와 김포에 인접한 샛강지역에는 생태공원이 조성돼 있다. 공군기지가 이동한 성남공항의 현재 명칭은 서울공항이며 국가적, 외교적, 공공적 이용으로 요긴한 역할을 한다. 서울시 송파구, 성남시 주민들은 낮게 떠다니는 항공기들을 자주 볼 수 있다.

초기 부산의 공항은 수영공항이다. 1940년 동래 수영강 하류 강변이 군사공항으로 개발돼 1996년까지 사용됐다. 활주로 길이는 2,012m이고 내륙으로 약 500m의 활주 여유 공간이 보인다. 남쪽 해안은 도로와 수영해수욕장이 있는데, 만약 이쪽으로도 연장한다면 약간의 해안 매

수영공항의 모습이 보이는 1970년 부산 지도. 형광색 부분이 활주로다.

립을 포함해 500m를 더 연장할 수 있다. 그럼에도 제2의 도시 부산권의 늘어나는 항공 수요를 감당하기에는 면적과 길이가 적었다. 현재 이 지역은 센템시티, 마린시티 등 부산의 새로운 거주지역으로 변모했고, 해운대구에 속하며 수영강을 경계로 수영구와 접하고 있다.

제주도에는 제주국제공항 및 대한항공 자체의 정석공항이 있다. 제주 동부에 제2의 제주공항을 건설하자는 의견도 있다. 한편 제주 서남부 송악산 인근 평탄지에는 일제강점기인 1933년 일본 군부가 만든 알뜨르비행장이 있었다. 격납고 등 탐방할 수 있는 당시의 흔적들이 많이 남아 있다.

되돌아보고 싶지 않지만, 한국 항공 사고의 역사에는 네 번의 대형사고가 있었다. 1983년 대한항공 보잉747기가 러시아 캄차카반도에 인접해 비행할 무렵 소련 전투기에 피격돼 탑승자 269명이 사망했다. 1987년에는 북한 공작원 일당의 비밀작전으로 미얀마 안다만 해상에서 공중 폭파했고, 115명 전원이 사망했다. 1997년의 괌 사고는 악천후와 공항시설 낙후 등이 원인이 돼 229명이 사망했다. 그리고 최근 2024년 무안공항 참사가 일어났다. 앞의 두 번은 자유권과 공산권의 지정학이 원인이었고, 나머지 두 번은 공항 자체의 문제로 파악된다.

한국의 소금 산지를 찾아서

 소금은 인류를 비롯한 모든 생물들에게 필수 요소이다. 모든 동물은 어떻든 적은 양이나마 소금을 섭취해야 한다. 그래서 소금은 인류의 탄생과 그 역사를 함께한다. 우리나라는 1960년대까지도 가정에서 간장과 된장, 고추장을 만들었는데 소금은 필수였다. 소금이 나지 않는 산간마을에서는 소금을 얻기 위해 자신들이 재배한 작물들과 교환됐다. 한강의 지류 섬강의 문막나루터는 서해의 소금과 어류를 강원 평창 일대의 콩, 쌀 등 작물과 교환했던 중요한 장소였다.
 소금이 쌓여 있으면 소금산이라 했다. 중국의 차마고도는 중국 남서부와 방글라데시, 부탄, 미얀마 등과 연결된 무역로로서 차, 말, 소금이 주요 교역품이었다. 소금과 연계된 지명으로 서울의 염창동(소금창고), 염리동(소금마을), 아산 염치(소금고개) 등이 있다. 그리고 경남 남해군 서면 남상리 해안에는 염해라는 마을이 있다. 염해 등대와 방파제가 있는 작은 해안 마을로 조선시대 염전터가 있어서 염전포라고도 했다. 긴 해안을 가진 한국에서는 동해안까지도 소규모 마을 염전터가 많았지만 거의 사라졌다. 염해처럼 부분적으로 관련 유적지들이 남아 있다.

로마시대에는 병사 봉급을 소금으로 주었는데, 이것이 어원이 되어 영어로 봉급을 지금도 샐러리(salary)로 부른다. 오스트리아의 암염 생산지 잘츠부르크(Salzburg)는 글자 뜻 그대로 소금성이다. 최근 소금이 주제가 된 상품들이 많이 소개되고 있다. 소금사탕, 소금비누, 소금치약, 소금빵 등이 있다. 이들 제품은 중동의 사해 소금, 히말라야 암염에서 발굴된 핑크 소금, 천일염 정재 소금 등을 원료로 하고 있다. 일상에서 식품을 오래 보관하는 데도 소금이 쓰인다. 염장이 그것이다. 소금은 겨울철 도로 결빙을 녹이는 데도 요긴하게 사용된다.

전 세계의 소금 생산 방식은 다양하다. 가장 일반적인 것으로 △염전에서 태양열로 수분을 증발시켜 소금을 만드는 천일염 △광물화된 소금인 암염 △과거 빙하기에 형성된 내륙 호수가 건조해지면서 생긴 염호 소금 △라오스의 경우처럼 과거 바다가 육지화되면서 지질적으로 지하수화된 지하수염 △지하 염수가 솟아 생긴 염정(鹽井)염 △인공적으로 해수를 끓여서 만든 자오염(煮熬鹽) 혹은 전오염(煎熬鹽) △공장에서 화학적으로 만든 인공염 △이미 대규모로 사용된 소금물을 다시 정제해 적절한 용도로 사용하는 재생 소금이 있다. 최근 소개된 용융소금은 천일염을 830도로 가열해 만든 정제된 재생 소금이다. 건조 지역의

전북 곰소염전(2003)

암염에서는 석회동굴과 유사한 형태의 암염동굴이 형성되기도 한다. 이스라엘의 소돔산맥이 대표적이다. 소금호수, 즉 염호로는 미국 유타주의 그레이트솔트레이크가 좋은 사례다. 염호에서는 식탁 소금은 물론 리튬, 마그네슘, 칼륨 등 희소 금속도 얻는다. 남미 우유니 소금호수는 이러한 자원과 함께 광활한 평탄 염호의 아름다움 덕분에 세계적인 관광지로 발전했다.

한국의 천일염은 고급 소금으로 서해안 곳곳에서 만들어졌다. 현재는 이러한 염전들이 농경지, 공업단지 등 생산성이 높은 토지 이용으로 전환되었다. 인천 소래, 시흥 군자 등 경기만 염전은 도시화와 산업화로 거의 사라졌다. 현재도 소금이 생산되는 염전으로는 전라남도 신안

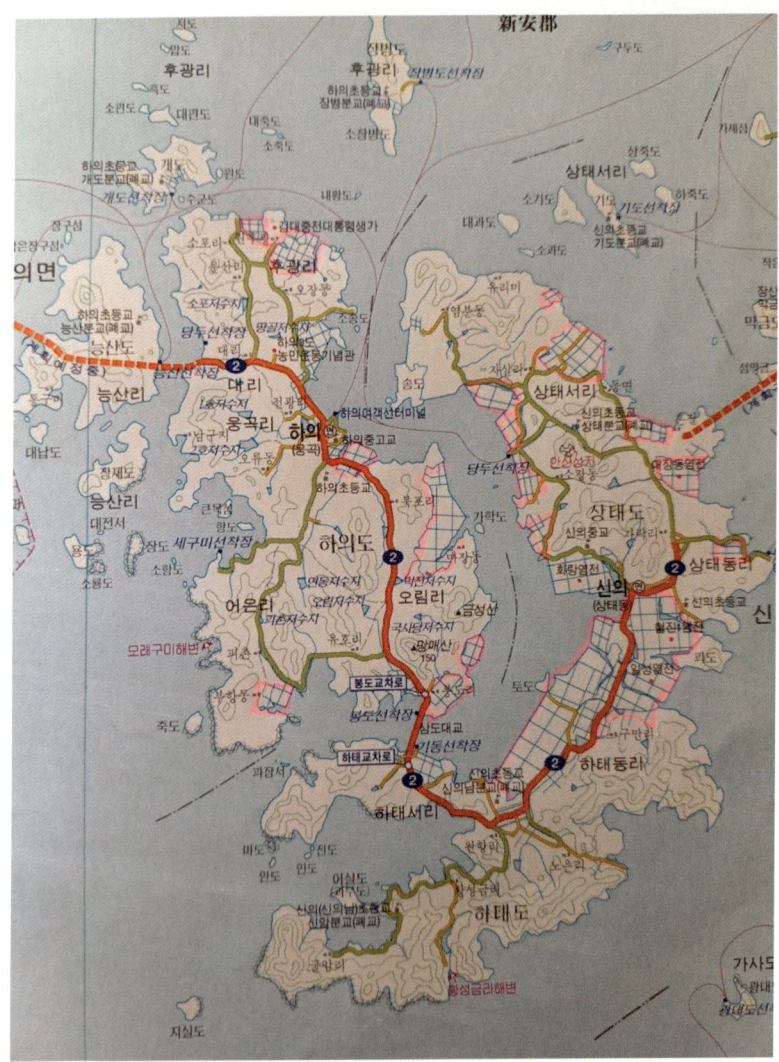

전남 신안군 염전. 하우도와 상태도 일대.

염전과 전라북도 곰소염전이 대표적이다. 신안군 증도의 태평염전은 관광자원이 되고 있다. 영광군의 염전은 한국 염전 소금의 10% 정도를 생산하며 멋진 경관으로 '영광 9경'이라 불린다. 한국 서해안은 세계 5대 간석지에 들어가는 넓은 간석지로, 갯벌 식생인 함초와 많은 유기물 함량 등으로 세계적인 문화유산이다. 최근 신안에서는 첨단 소재에 들어가는 리튬이 발견돼 화제가 되었다. 한때 장애인을 몰래 데려가 노예 상태로 부렸다는 노예염전 사건이 큰 파문을 일으키기도 했다.

자염은 전오염이라고도 하며 바닷물을 끓여 빠르게 염도를 높여서 소금을 만드는 것이다. 넓은 염전을 만들기 힘든 곳이거나, 날씨 관계로 천일염 하기가 힘든 시기에 이루어진다. 작은 공간에 염분(鹽盆, 소금 굽는 장치), 염소(鹽所, 바닷물을 뽑아 올리는 소금밭), 염정(鹽井, 소금우물, 지하에서 자연적으로 솟아나거나 인공적으로 만듦), 염창(鹽倉, 소금창고) 등이 발달했으며, 자염 일에 종사하는 이들을 염한(鹽干)이라고 했다.『세종실록지리지』에 의하면 당시 염분이 가장 많았던 곳은 전라도 영광군으로 113개의 염분이 있었고, 조기잡이 중심지인 파시두(波市頭, 법성포 부근)에 많이 위치했다. "염창은 읍안에 있고, 염한은 1129명"이라 기록되어 있다. 그외 평안도 영유현에 103개, 황해도 강령현에 89개의 염분이 있었고, 옹진현, 울진현, 연안도호부, 평해현 등이 주요 소금 산지였다. 현재 함경북도 어랑군 어대진 노동지구에서는 사구에 의한 석호 지형에 비교적 대규모 염전을 개발해 소금을 얻고 있다.

암염은 육지 내륙이나 고산지대에서 소금이 암석화한 것이다. 1억

독일 지리학자 에카르트 데게가 촬영한 함경북도 어랑군 어대진 염전(2009)

년 이전 지구의 대륙판들이 충돌하면서 과거에 바다였던 해양지대들이 융기해 육지가 되었다. 그 과정에서 육지에 갇히고 지하 깊숙이 모여진 바닷물은 오랜 기간을 지나면서 수분이 빠져나가고 염분만 남아 단단한 암석으로 변했다. 암염은 오스트리아의 잘츠부르크, 히말라야 산지 등에서 생산돼 다양한 방식으로 이용된다. 최근 국내서 판매되는 '히말라야 핑크솔트'가 대표적이다.

　호수 소금은 내륙 깊숙이 자리잡은 소금호수에서 생산된다. 페루의 우유니와 미국 유타주의 그레이트솔트레이크가 유명하다. 대략 1만 3000년 전, 빙하가 물러가고 기후가 건조해지면서 증발이 대량으로 이

미국 유타주의 소금호수

뤄져 소금 바닥을 보이거나 진한 염도의 염수 호수가 되었다. 인근의 산지에서 더러 내려오는 리튬, 망간 등의 광물질도 이곳 염호에서 자원으로 채취된다. 소금호수 물은 일반 바닷물에 비해 염도가 5배에서 13배에 이른다. 수영을 할 경우 자연적으로 물에 뜬다. 중동의 이스라엘과 시리아, 요르단의 경계를 이루는 갈릴리호수, 요르단강, 사해는 이러한 모습을 잘 보여준다. 갈릴리호수는 요르단강을 통해 사해로 물이 흘러들어가는 일반호다. 그러나 사해의 물은 빠져나갈 방법이 증발 외는 없어서 소금호수와 소금사막이 되었다. 여기서 상당한 소금이 생산된다. 미국 유타주에서 생산되는 소금은 물기가 매우 적어서 우기에도 물기 없는 고급 소금임을 광고한다. 한국에서도 이스라엘에서 수입한 호수 소금으로 만든 '사해소금비누'가 생산되고 있다. 중국 티베트에서는 소규모 염정에서 소금을 생산한다.

지하수염도 특이한 것이다. 지질학적 시기가 늦거나 지하화된 해양 염수가 밖으로 빠져나가지 못하면 염도가 높은 지하수 상태로 남아 있게 된다. 이러한 지하수를 관정으로 지하 200m까지 뽑아 올려서 열을 가해 건기에는 천일염 형태로, 우기에는 자염 형태로 생산한다. 라오스의 콕싸앗 소금공장이 대표적이다.

영국의 왕립학회 지리학자 이사벨라 비숍(1831~1904)은 1894년에서 1897년까지 네 차례 한국을 방문했고 『한국과 그 이웃 나라들』이라는 답사기행록을 남겼다. 그녀는 당시 함경북도 해안을 거치면서 소금 생산과 유통을 관찰했는데 생산된 소금은 바구니에 담겨 중국의 훈춘으로 운반되며 소금 수송 중국인 마차는 각각 7마리 노새로 조종되고, 빠른 속도로 달린다고 적고 있다. 또 서해안에서 생산된 소금은 한강을 통해 여러 나루터에서 지역의 쌀, 콩 등과 교환되었다고 적고 있다.

한국은 경제가 발전하면서 많은 소금을 수입하고 있다. 주요 수입국은 중국(제설용, 연수기용 소금), 아르헨티나(안데스 소금), 호주(장류 제조용 천일염), 베트남(천일염) 등이다. 앞서 언급한 히말라야 소금(파키스탄)과 사해 소금(이스라엘)도 있다.

춘원 이광수의 국토 기행

 한국 현대문학의 선구자 춘원 이광수(1892~1950)는 국토를 여행하면서 국가의 미래 발전을 위한 많은 생각과 의견을 기행문으로 기록했다. 그는 일제강점기 당시 최남선, 홍명희와 함께 조선 3대 천재로 꼽혔던 인물이다. 전례로 조선의 선비들과 학자, 관료들은 여러 가지 이유로 세계와 국토를 여행하면서 기행문과 감상문 등을 많이 남겼다.
 춘원의 대표적인 기행록은 『금강산유기(金剛山遊記)』(1922), 『오도답파여행(五道踏破旅行)』(1913~1919), 『남유잡감(南遊雜感)』(1913~1931)이다. 『금강산유기』는 서울에서 금강산으로 가는 여정과 금강산을 기록한 것이고, 『오도답파여행』은 한국의 충남, 전북, 전남, 경남, 경북 5도를 둘러본 여행기다. 그리고 『남유잡감』은 일본, 중국, 연해주 등 해외를 둘러본 여행기다. 여기서는 그중 『오도답파여행』을 살펴본다.

『오도답파여행』의 글은 1917년 6월부터 매일신보에 처음 연재해 많은 인기를 얻었다. 이듬해 다시 정리해 육당 최남선이 운영하는 『청춘』 잡지에 매호 실었다. 여기서 춘원은 각 지역의 모습을 간단히 설명하고 지역의 발전을 위한 의견을 제시하거나 미래에 기대하는 상상적 모습을 보여준다.

다음은 이 기행문의 일부를 국토지리학적 측면에서 재구성한 것이다. 가능하면 춘원 특유의 말투를 그대로 살리고자 하였다.

춘원 이광수(1892~1950)

1913년 6월 26일 서울역에서 경부선을 타고 조치원역에 내려 자동차로 공주로 달아난다. 도로가 좋다. 질풍같이 달려도 요동이 없다. 조치원에서 공주로 가는 길에는 거의 '빨간산'뿐이다. 그리고 바싹 마른 개천, 쓰러져가는 오막살이 집을 보면 비관이 생긴다. 금강(錦江)은 3~4년 전만 하더라도 공주, 부강까지 선박이 통행하였다 하나, 점차 수량이 감소하여 지금은 소선박도 운행이 어렵다. 이러한 현상은 원래가 아닌 주민들의 부족함 때문이라 본다. 자각하고 개선해야 할 것이다. 충남도청을 들러 식림 대책을 물으니 '25년 예정으로 충남에 식목을 하고 벌채를 금지하며 각 군면에서 묘목을 기르도록 할 예정으로 대전, 연기, 천안 등 철도변 행정구역을 중심으로 실행할 것'이라 하니 그런대로 안심을 가진다. 산업에 대해서도 들어본다. 본도는 역시 농업이 주산업이다. 관계설비와 종자개량에 적극 노력하여 경지면적과 수확고가 증가하여간다. 또한 잠업과 저포업(苧布業, 모시옷 제조)을 적극 장려한다. 본도는 기후와 토질은 잠업에 적당하므로 10년 계획으로 뽕나무를 심을 것이라 한다. 유해무익했던 금강의 수리를 응용하여 공주에 대규모 제사공장을 세우고 부를 증진하여 철도로 발전한 대전, 논산, 조치원에 빼앗긴 공주에 신생명을 부여하려 한다. 공주라고 부름은 시가지를 두른 산들이 공자형(公字形)을 띠는 까닭이라 한다. 다음날 공주산성을 오른다. 금강의 남안에 돌출한 고지상에 있는 성으로 북문인 공북루(拱北樓), 울창한 송림의 산길을 걸어서 과거 승병의 총본산인 영은사(靈隱寺)를 들린다. 법당문을 반쯤 잘라내고 유리창을 단 것과 계하(階下)에 석유 광명등을 켠 것이 '아나크로니즘(시대착오)'으로 보인다. 진남문을 통해 공산성에서 나왔다.

버들 그늘에 모옥(茅屋, 띠집)으로 된 주점이 있어 막걸리를 메기 안주로 한잔 마셨다. 여주인에게 물은 즉, 여기 지명은 왕자터요, 부여서 20리라 한다. 문앞에 청강(靑江)이 있어 메기가 많이 잡힌다고 한다. 부여군 현내면 가증리(佳增里)에 유명한 유사이전(有史以前)의 묘지가 있다. 일본인 전문가 감정으로는 4천년 전이라 한다. 백제의 서울이 어떠한 것이론고 하는 생각에 걸음이 빨라진다. 부소산 동편 모퉁이를 돌아 초갓집 20~30여 채가 적적이 누워 있는 부여 읍내에 도달했다. '이것이 부여런가' 사비(泗沘) 서울이라 누가 믿으리오. 부소산 동쪽 영월대 넘어 있는 창고터를 보았다. 아직도 쌀과 밀과 콩이 까맣게 탄화해서 남아 있다. 백마강 물소리 들리는 절벽 밑 반석 위에 있는 것이 유명한 고란사(皐蘭寺)이다. 아마도 불법을 존중한 백제왕실의 수호사일 것이다. 연화를 아로새긴 주춧돌이며 빤빤히 닳아진 섬돌에는 당시의 귀인의 발자욱이 있을 것이다. 낙화암상에서 방혼(芳魂)이 스러진 궁녀들도 아마도 이 법당에서 최후의 명복을 빌었을 것이다. 우리 배는 규암진(窺岩津)을 떠났다. 옛날 백제의 상선과 병함이 떠났던 데요, 당·일본·안남의 상선이 각색(各色) 물자를 만재하고 복진하던 데다. 자온대(自溫臺)의 기암은 의자왕이 일유(逸遊)하던 명성이 전하지만, 당시에는 이별암(離別岩·삼천궁녀바위)으로 유명했을 것이다.

조선 제일의 평야요, 제일의 미(米) 산지인 전북평야에 들어섰다. 일망무제다. 평야 중에는 조산(造山) 같은 조그마한 산들이 있고, 산이 있으면 반드시 그 밑에 촌락이 있다. 마치 바위에 의지하여 굴이 붙어 있는 것 같다. 들에 나가 먹고 산에 들어와 자는 것이 이 지방의 특색이다. 그러나 어떤 촌락은 그만한 산도 얻지 못하여 광야에 길 잃은 자 모양으로 벌판에 있는 자도 있다. 퍽 산이 귀하다. 이 평야는 고래로 수재(水災)와 한재(旱災)가 겸수(兼修)하므로 농민의 생활이 극히 불안정하였다. 만일 수리(水利)가 정리되면 농민의 생활이 안정되고 넉넉히 3할 이상의 증수(增收)를 얻을 수 있을 것이다.

군산에 도착하였다. 군산은 전북 유일의 개항장이요, 조선 제일의 곡

1920년대 전북 군산 일본인촌

물 수출항이다. 가구의 정연함과 가옥의 정제함이 꽤 미관이다. 이리역 (裡里驛)에 하차하여 경철로 전주로 향하였다. 이름은 경철이라하지만 차창도 훌륭하고 속도도 어지간히 빠르다. 전주의 수려한 봉만(峰巒)이 가까워진다. 산은 참으로 수려하다. 전주의 특색은 산이라 하였다. 대장촌, 삼례 등지의 농장이며 송림이 울창한 건북산릉의 승경은 귀로에 찾기로 했다. 전주는 백제시절에 완산 혹은 비사벌이라 하였다 하며, 견훤의 후백제 왕도라 한다. 전주 금융기관으로는 금융조합이 있으나 중농 이상 이용이 가능하여 뒤에 소농도 가능한 전주농사조합을 시험적으로 설립하였다. 전주에 제지공업을 기계공업적으로 가능하도록 시험중이라 한다. 전주는 죽기, 목기, 지류, 선자(扇子) 등이 전부터 유명하였다. 당국의 장려로 더욱 발전하였다. 이를 위해 전주공립간이공업학교 생도

1920년대 전주 시내 모습

들의 죽기와 목기, 장수의 석기, 운봉의 목기는 세계 어느 시장에 내어도 부끄럽지 아니한 것이다.

위 답사기는 『오도답파여행』에서 충남과 전북의 일부를 담은 것이다. 1963년에 나온 『이광수전집』 18권에서 인용했다. 『이광수전집』은 방대한 분량으로 소설, 시, 수필, 기행문, 서간문 등 그가 쓴 다양한 글들의 모음이다. 편집위원은 주요한, 박종화, 백철, 정비석, 박계주 등 당대 한국 최고의 문학인들이다. 이 전집에서 춘원은 우리 한글과 어려운 한자, 당시의 일본식 한자, 일본어, 영어 등을 혼용하여 쓰고 있다. 춘원의 대단한 문학 수행의 결과일 것이다. 후대에 춘원의 의식과 사상에 대한 비판론도 많이 나왔지만, 당시 근현대 교육이 매우 부족했던 조선의 백성들에게 많은 지리정보와 함께 개인적 삶의 개선과 국가 발전에 기여한다는 뜻을 담은 것으로 보인다. 전국 각지에 많은 문학인의 문학관이 있지만, 춘원의 친일 행적 때문인지 그의 문학관은 없다. 다만 인천의 한국근대문학관에 있는 '11인의 문학인'에 춘원이 들어 있다. 춘원이 남한이 아니라 평안북도 정주 태생이고 자강도 강계에서 별세한 영향도 있는 것일까? 아무튼 춘원의 기행문은 문학적인 표현과 함께 당대의 지리와 역사 그리고 미래 의견을 함께 보여준다.

한국의 소나무를 찾아서

소나무는 우리 민족의 역사와 함께해왔다. 목재로서 거의 모든 용도에 이용돼왔으며, 땅이름에도 흔하게 사용됐다. 가히 소나무의 나라다. 소나무 지명은 일송, 이송, 삼송, 사송(沙松), 오송, 청송, 반송, 송정, 송도, 송천, 송악 등 『전국지명유래집』에 의하면 대략 450개가 넘는다.

소나무는 한반도 전역을 덮고 있다. 애국가에서처럼 '남산 위에 저 소나무 철갑을 두른 듯' 국가를 지키고 있다. 대나무와 함께 지조의 상징이기도 하다. 조선시대 진경산수화에도 소나무가 많이 등장한다. 1960년대 필자의 초등, 중등 시절에는 식목일 즈음하여 모든 학생들이 참여하는 소나무 심기와 송충이 잡이도 국가적으로 실시됐었다.

2000년대 초반 한반도 남쪽에서부터 '소나무 에이즈'로 불리는 재선충이 소나무를 고사시키면서 북쪽으로 뻗친 바 있다. 길이 1mm에 불

초의선사가 그린 「다산초당도」(1812)

과한 이 벌레들은 소나무 목질 부분의 수맥에 자리를 잡고 물 흐름에 의한 영양분의 전달을 막기 때문에 8개월에서 1년 정도 지나면 소나무가 각염으로 고사한다. 당시 경남과 경북의 남부 일원에 재선충이 번지자 강원도까지 긴장하고 방어에 만전을 기했다. 그 후 잘 진정이 됐지만, 지금도 재선충 절멸을 위해 산림청을 중심으로 대응하고 있다.

　재선충이 침투한 소나무는 병이 심해진 뒤에야 발견이 되어 소나무 에이즈로 불리는데, 병에 걸린 소나무는 훈증 처리를 하거나 태웠다. 문제는 이 병에 걸린 소나무를 목재 등으로 사용하기 위해 다른 지역에 옮겼을 때 그 지역의 살아 있는 소나무에 재선충이 옮아간다는 것이다. 재선충의 확산을 막는 방법은 소나무를 함부로 이동시키지 않는 것과 고사목, 잎마름 등 비정상으로 보이는 소나무를 발견하면 반드시 산림청 등의 관공서에 신고하는 것이다. 재선충은 1905년 무역선을 따라 서방에서 일본으로 유입되고, 1988년 부산의 한 동물병원에서 일본 원숭이가 들어오면서 한국에 들어온 것으로 알려져 있다.

삼림구조 연구 보고에 따르면, 약 6000년 전에는 참나무류가 번성했고, 그 뒤 소나무류가 나타나 참나무속, 버드나무속, 자작나무속과 함께 살아왔다. 소나무류는 4500년 전까지 계속 증가하다가 1400년 전까지 다소 감소한다. 이후 다시 한반도 지역 기후변화로 소나무속과 참나무속이 번창하는 현상이 나타났다고 추정한다. 이러한 분석은 과학적인 화분 분석이나 발굴된 고대 목재 유물에 의거한다.

조선 후기 어류 조사서 『자산어보』를 지은 정약전(1758~1816)은 전남 신안군 유배지에서 1804년 소나무숲 보존을 위한 저술 『송정사의(松政私議)』를 남긴다. 그 내용을 요약하면 다음과 같다. "조선 산지는 국토 전체가 10이라면 6~7에 이른다. 산에는 소나무 자라기가 알맞지만 소나무가 귀하여 재목 얻기가 힘들다. 대략 3가지 요인이 있는 바, 식목을 잘 하지 않고, 자연산은 땔감으로 잘리고, 화전민이 농지를 위해 불태우기 때문이다. 왜적이 침입하면 수백 척 전함이 필요한데 어디서 소나무를 구할 것인가? 백성들에게 금송(禁松)과 봉산(封山) 정책 등으로 벌채를 못하게만 할 게 아니라 마을 단위로 인접한 산에 소나무숲을 조성하도록 하고 숲이 울창해지면 마을 주민들에 세금을 면제해주

방풍 및 방사 기능을 하는 태안의 밧개해수욕장 소나무숲

는 방법도 있다." 다산 정약용은 『목민심서(牧民心書)』에서 둘째형 정약전의 『송정사의』를 인용해 송림 보존 정책을 제안하였다.

  한반도는 원래 참나무류를 중심으로 낙엽활엽수림이 우세했으나 인위적인 요인으로 소나무숲이 늘어났다. 경작지의 지력 유지용 퇴비 재료와 온돌 난방을 위한 활엽수 채취 등으로 숲의 구조를 참나무류와 소나무속이 섞인 혼효림으로 변화시킨 것이다. 소나무는 지구상에서 북방림인 침엽수이면서도 남방으로 그 분포를 넓힌 종이다. 남방림 활엽수로 북방으로 면적을 넓힌 자작나무와 대조된다. 농사가 중심이 된 선조들의 공간적 생계 범위는 크지 않았다. 추정하면 삼국시대에 걸쳐 통일신라시대로 내려오면서 농경지 면적이 증가하면서 활엽수림을 제거

치악산 구룡계곡 금송길(2014)

하고 경작지와 주거지 인근을 중심으로 소나무숲이 늘어난 것이다. 목재로서의 가치도 높아 국가 정책으로 소나무를 보호했다. 특히 잘 자란 소나무숲 벌채을 막는 여러 가지 송금(松禁) 정책이 실시되었다.

  소나무숲은 우리 주위에서 흔히 볼 수 있다. 소나무는 햇볕을 많이 요구하는 양수(陽樹)이다. 그래서 촘촘히 자라는 소나무의 아랫부분 가지는 말라 죽고, 밋밋한 모양으로 높이 자라게 된다. 소나무는 건조한 곳에서도 생육이 잘되는 양수의 특성을 보유하면서 조림 기술이 없던 시기에도 화강암과 같은 지역과 인간의 관심으로 마을에 인근한 지역에서 잘 자라났다. 마을 입구를 보호하는 마을숲이나 상징물로서의 노

안면도 자연휴양림 소나무숲(1999)

거수에도 반송(盤松)과 같이 낮게 깔리는 소나무가 많이 선택됐다.

한반도의 암석은 편마암, 퇴적암과 함께 화강암이 대표적인 암석이다. 특히 화강암은 깊은 땅속에서 심층풍화가 되면 침식에 약하여 하곡이 발달하고, 미립질 풍화침식물들은 하천변에 범람원을 만들어준다. 미호평야, 춘천분지, 충주분지 등 많은 예를 들 수 있다. 이러한 곳의 구릉에는 거주지가 많이 형성되고 소나무숲이 가꾸어진다.

소나무과에 속하는 식물은 아열대에서 아한대에 이르기까지 북반구에서 널리 분포하고 종의 수가 100여 종에 달한다. 그중에서 적송(赤松), 홍송(紅松) 혹은 육송(陸松)으로 불리는 소나무는 거의 한국과 일본에만 분포한다. 우리나라에서는 춘양목(春陽木)으로 유명한 봉화와 청송 그리고 안면도에서 질이 좋은, 즉 곧고 굵게 잘 자란 소나무들을 볼 수 있다. 해안지역에서는 '곰솔'이라고도 하는 흑송(黑松) 혹은 해송(海松)으로 불리는 소나무가 자라면서 방풍림 역할을 잘 하고 있다. 해송은 바람에 적응하면서 틀어지기도 한다. 연전에 태풍 매미가 남해안을 강타했을 때도 경남 남해군 물건리의 어부림(漁夫林)은 방풍림 덕택에 마을을 잘 보존했다. 더하여 어부림은 물고기가 쉴 수 있는 그늘까지 만들어 어족 보호에도 기여한다. 하동 섬진강 송림도 방풍림, 방사림 기능을 하면서도 아름다운 경관을 만들어준다.

소나무숲은 생리 특성상 하층식생이 빈약해서 벌레가 적고 뱀도 잘 살지 않으며, 은신처가 없기 때문에 호랑이도 기피했다고 전해진다. 또한 소나무숲은 송이버섯을 제공했다. 이러한 점들이 촌락이나 묘소 주변에 소나무 숲을 형성하게 하는 이유로 보인다. 우리 조상들이 소나무에 대한 친근감은 마을과 함께하는 편안한 경관을 형성하고 주요 목재의 공급원이라는 점을 볼 때 당연한 것이다. 기후 변화에 따라 소나무 군락이 점차 북상하는 경향을 보이지만 그럼에도 잘 보존할 가치가 있는 나무다.

남과 북의 경계 임진강의 역사지리

　임진강은 우리나라에서 자연 지형을 잘 보존하고 있는 큰 하천이다. 한반도 남북의 경계대를 이루고 있음이 큰 영향이다. 한강과 만나는 하류 부분은 그대로 하천 DMZ를 이루고 있고, 중하류는 남한에 속하면서 군사보호지역을 이루며, 중류 이상부터는 북한에 속한다. 분단의 영향으로 민간인의 출입과 개발이 제한되어 있어 자연하천의 원형을 잘 간직하고 있다. 이런 곳에 북한의 임진강 상류 댐에서의 무단 방류를 막을 목적으로 우리 쪽에 군남댐이 건설되고 상수도 취수원, 전망대가 만들어져 방문객을 맞이하고 있다. 최근 군사적 목적으로 차단됐던 접근로들이 풀리면서 새로운 도로와 관광시설도 들어서고 있다.
　임진강 유역은 한반도의 중앙 지역으로 선사시대부터 마을을 이루었던 곳이다. 1세기 전후의 제철 유적도 발굴됐다. 임진강 군남댐 건설

예정지에서 삼국시대 주거지 20기, 철을 정련하는 단야로(鍛冶爐), 송풍관(送風管) 등 철기 생산 관련 유물과 철 찌꺼기도 발견됐었다.

한국의 역사를 보면 임진강은 지형적으로 늘 한반도의 남북을 경계해왔다. 삼국시대에는 백제와 고구려의 경계대였다. 신라의 마지막 왕 경순왕은 세상을 뜨면서 자신의 고향 경주로 보내달라 했으나, 고려 태조가 이를 막아 결국 강을 건너지 못하고 임진강 북안에 묻혔다. 조선은 임진강을 건너 한양으로 도읍을 옮겼다. 고려 왕건의 후손들이 고려의 왕들을 모신 숭의전도 임진강을 넘지 못하고 북안에 있다. 임진왜란 때 선조는 몽진길에 한양을 벗어나 임진강을 넘자 조금 안심을 했다. 현재도 임진강의 중하류는 남북을 가르고 있다. 임진강은 삼국시대, 통일신라, 고려시대를 통해 접경지를 이루면서 강의 북안과 남안에 많은 다양한 모습의 성채들을 남겨놓고 있다.

임진강(臨津江)은 '나루를 만나다'라는 이름답게 나루터가 많다. 현재 발간되고 있는 국가 지도에서도 나루의 이름들이 표시되고 있다. 하류에서부터 길오목나루(장단면), 낙하나루(낙하리), 사목기나루(반구정), 수내나루(군내면), 임진나루(화석정), 저우니나루, 아포나루(파평면), 고랑포(장남면), 두지나루(현재 황포돛배 운행 관광지) 등이다.

그중에서 고랑포는 가장 큰 나루터로 장터가 들어설 정도였고, 함경도와 강원도의 물산이 육로로 고랑포로 내려와서 임진강을 통해 한양으로 운반됐다. 말하자면 임진강 하구에서 가장 멀리 올라가는 곳이 고랑포 나루다. 얕은 여울목에 만들어졌다. 1968년 김신조를 비롯한 북

겸재 정선의 「임진적벽과 두지나루」

한의 무장공비 31명도 고랑포의 얕은 여울목을 건넜다.

  신생대 말기 내륙 철원, 평강에서 용솟아 흐른 용암류는 임진강을 타고 남하해서 하천변을 따라 주상절리를 이루고 있다. 용암대지와 임진강이 결합돼 만들어진 주상절리는 절경을 이룰 뿐 아니라 군사적으로는 경계를 서기가 좋아 그 위에 성채가 많이 만들어졌다. 갈수기에 군사들이 나룻배나 교량 없이도 건널 수 있는 여울을 끼고 있는 곳은 군사 이동도 유리하였다. 연천의 호로고루성과 당포성은 주상절리를 이용한

임진강 당포성에서 발견되는 주상절리

튼튼한 성채인 동시에 군사 이동에 유리한 여울 입지를 잘 보여주는 곳이다.

임진강 기슭에 위치한 정자로는 황희 선생의 반구정과 율곡 선생의 화석정이 관람거리다. 황희 선생이 지었다는 반구정(伴鷗亭)은 갈매기와 함께한다는 뜻이며, 임진강 하류 가까이에 있어 개펄이 강가에 쌓여 있는 모습을 볼 수 있다. '서해 밀물 때 바닷물이 거슬러 올라오면 갈매기도 함께 온다'고 묘사한 글도 있다. 황희 선생이 지은 「관풍루시(觀風樓詩)」를 보면 반구정의 풍광을 그대로 보여준다. 시원한 바람과 고목, 시원하게 트인 임진 하류의 모습이 그려진다.

"마루는 높아 더위를 물리치고/ 처마는 넓어 바람이 시원하다/ 고목 그림자 땅 위에 드리웠고/ 먼 봉우리 푸름은 하늘을 쓴 듯……"

화석정(花石亭)은 반구정보다는 상류 쪽에 위치한다. 율곡 선생이 8세 때 지었다는 시 「팔세부시(八歲賦詩)」가 걸려 있는데 바라다보이는 임진강 풍광을 담고 있다. 임진왜란 때는 선조가 어두운 밤에 임진강을 건너면서 화석정에 불을 질러 밤을 밝혔다고 한다. 이를 예견한 듯, 율곡은 평소에 아래 사람들에게 화석정 기둥에 기름을 잘 발라두라고 일렀다는 말이 전해온다.

화석정은 고려 말기 대학자인 야은 길재가 살던 자리라고도 전해지지만, 율곡의 5대 조부 이명신이 세웠다. 율곡 선생은 관직에서 물러난 후에는 이곳과 해주의 석담에서 만년을 보냈다. 당시 중국 사신까지 화석정을 찾아와 즐겼다고 한다.

파주는 파평윤씨의 본관으로도 유명하다. 파평면 눌노리다. 고려 때 여진을 평정한 윤관 장군이 파평윤씨이고, 그 후손들인 조선 성종 때 윤호는 우의정, 윤필상은 영의정에 올랐다. 을사사화의 윤임과 윤원형도 파평윤씨다. 파평용연(坡平龍淵)은 자연적으로 만들어진 연못이라고 하며 파평윤씨의 시조 윤신달의 탄생 설화가 깃들어 있다. 이 연못에는 잉어가 있고, 파평윤씨들은 잉어를 먹지 않는다고 한다.

『대동여지도』에 표기된 임진강의 주요 지명들을 보면, 한강과의 합류 지점에 오두성(烏豆城·지금의 오두산 통일전망대)이 있고, 나루터로는 탄포, 문산포, 정자포, 저포, 고랑리, 여의진, 유연진, 시욱진 등이 있다.

가옥이 빼곡이 들어찬 고랑포의 옛 모습(1930년대)

여울로는 대탄(大灘)과 상류에 직탄(直灘)이 있다.

임진강의 수운은 하구에서 상류로 문산포와 고랑포를 지나 약 90km 까지 올라갔다. 고랑포를 지나 상류로 올라갈 때는 여울이 많아 통행에 어려움이 많았으나, 강의 구조를 잘 이용하여 지류인 한탄강 변의 전곡 까지 배가 다녔다. 현재 고랑포에는 소공원과 역사기념관이 개설되었 다. 그러나 고랑포 나루터는 안전상 철문으로 닫혀 있다.

고랑포는 대규모의 시장과 마을이 6·25 전까지 번창했다. 서해의 조 기, 새우젓, 소금 등이 서해가 만조가 되었을 때 배를 타고 임진강을 거 슬러 고랑포까지 왔다. 그리고 이 지역의 유명한 산물인 장단콩, 땔감, 곡물 등과 교역했다. 고랑포는 육지와 하운 교통의 요지로서 주변 지역인 파주, 연천, 장단 등에서 산출한 곡물들의 집산지였다. 특히 장단콩의 집산지로 음력 9~10월에 시작해 강이 결빙될 때까지 콩 매매가 이뤄졌다. 현재 장단콩이 다시 살아나서 파주와 문산 여러 곳에 장단콩 두부집들이 성업 중이다. 오두산 통일전망대 부근에 장단콩마을이 조성돼 있다. 함경도와 동해의 물산이 추가령·고개를 넘어 고랑포까지 와서 배에 실려 서해로 나가기도 했다. 고랑포에 인접해 경순왕릉과 숭의전 등이 자리 잡고 있지만 다들 역사적 상황으로 임진강을 넘어 남하하지 못했다.

남산을 다시 보다

 높이 265m에 불과한 서울 남산의 옛 이름 중 가장 잘 알려진 것이 목멱산(木覓山)이다. 그 의미는 '마뫼', '말뫼'로서 남산의 순우리말이다. 마뫼는 마산(馬山) 혹은 마시산(馬尸山)으로도 불린다. 밝은 산의 의미로 인경산(引慶山), 열경산(列慶山)으로도 불렸고 도성의 가장 남쪽이라는 의미로 종남산(終南山)으로도 불렀다. 명당터의 남쪽 경계이면서 명당을 잘 막아주는 버팀대로 보았다. 남쪽에 솟아 남산인데 마뫼, 마산 등을 보면 말 모양으로 여긴 것이다.
 고려시대와 조선시대 기록에는 거의 목멱산으로 나온다. 그럼에도 당시 일반 백성들은 남산이라 했다. 공양왕 2년(1390) 잠시 천도한 한양에 호랑이가 나타나자 이를 막기 위한 제사를 목멱, 북악, 성황 등에서 지내도록 했다. 조선 태종 때는 남산에 목멱신사(木覓神祠)를 만들어 왕

남산은 풍수지리적으로 한양 도성을 편안하게 해주는 안산(案山)으로 목멱산, 말뫼, 종남산으로도 불렸다.

실과 백성의 안위를 위한 국사당(國師堂)으로 삼았다. 목멱단으로도 불리면서 남산 팔각정 옆에 위치했다.

　남산은 풍수지리적으로 도성 한양을 편안하게 해주는 안산(案山)이다. 도성을 감싸는 산지 네 곳은 목멱산(남주작), 북악산(북현무), 낙산(좌청룡), 인왕산(우백호)이다. 남산은 성곽의 기능을 하면서도 안산 역할을 한다. 한강 건너 보이는 높은 관악산은 아득한 아침산 조산(朝山)이 된다. "남산 위의 저 소나무"는 사대문 안 도성에서 바라본 모습이다. 남산의 소나무는 조선시대에 공공용으로 조림한 것이다. 조선 도성을 한양으로 결정할 때 남쪽의 목멱산이 결정적인 역할을 했다고 한다. 도성의 남쪽 성곽을 남산이 맡은 것이다.

　조선시대의 남산은 풍수지리적으로뿐만 아니라 실질적으로도 중요

남산 성곽 일부

한 역할을 했다. 전국 봉수망의 중앙 조절 기능을 담당한 것이다. 남산에서 지방으로 보내는 봉수와 지방에서 한양으로 들어오는 봉수를 조정에서, 궁궐에서 잘 관찰할 수 있었다. 지금도 조선시대의 봉화대처럼 통신, 군사 시설이 있어 서울을 지키는 기능을 담당하고 있다.

남산에는 모두 5개의 봉수대가 있었다. 가장 동쪽은 아차산 봉수를 거쳐서 강원도와 함경도로 가고, 다음은 청계산을 거쳐 경상도로 가고, 셋째는 무악산을 거쳐 황해도와 평안도로 가고, 그 다음은 수락산을 거쳐 평안도와 황해도의 해로 봉화로 연결되고, 다섯째는 김포 개화산을 거쳐 전라도와 충청도로 갔다. 현재 복원된 봉수는 평안도로 가는 봉수대 자리에 있다. 이 자리에서는 한양의 구조, 도성 내부와 백악산, 인왕산, 타락산 등이 잘 보인다. 봉수대 하나마다 5개의 봉화대가 설치되는

복원된 남산 봉수대

데 평상시에는 1개이지만 위급하면 5개 모두에 연기나 불을 피운다.

  남산은 사실 한양을 지키는 파수대이기도 하다. 남쪽으로 바라보면 한양을 두르는 한강 전체가 보이고, 건너편 지역들이 잘 관찰된다. 남산의 북사면에는 남촌이라 하여 하급관리, 벼슬이 없거나 몰락한 양반, 평민들의 마을이 들어섰다. 이들을 '남산골 샌님'이라고 했다. 가난하지만 자존심이 센 선비를 일렀다. '남산골 딸깍발이'도 있다. 가난하여 나막신을 딸깍거리며 신고 다니는 선비를 그렇게 불렀다. 남촌은 한양의 부촌인 북촌 및 서촌과 대조되었다. 현재는 북촌처럼 괜찮은 남촌 가옥들이 복원되어 있다.

  일제강점기에 북서 자락 용산에는 일본군영이 들어섰고, 이것이 용산 미군기지로까지 연결됐다. 용산은 인천으로 나가는 서울의 길목이며, 서울의 동서남북을 모두 관찰할 수 있는 군사적인 요지였다. 남산의 서녘 후암동에는 일제강점기에 일본인들이 마을을 이뤘고, 많은 적산가옥을 남겼다. 당시 일제는 남산에 그들의 신사를 지었다. 해방 후 일본인들이 철수하고 북한 월남인들이 이곳으로 모여들면서 인구가 밀집해 판잣집이 늘어났다. 해방촌이 그것이다. 후암동 시장을 중심으로 해방촌은 서울의 섬처럼 지역성이 뚜렷했다. 상대적으로 이태원동, 한남동은 부유촌이었다. 이제는 서울이 강남 중심 시대가 되면서 상황이 많이 달라졌다.

남산 둘레길에는 잠두봉(蠶頭峰)이 있다. 조선시대 누에는 섬유 생산의 핵심이었다. 전국에 '잠'이 붙은 지명이 많이 남아 있다. 충북 청주의 잠두봉과 양화진의 잠두봉이 대표적이다. 남산의 잠두봉은 잠실과 잠원동의 뽕밭을 바라보고 있는 형국이다. 국가적으로 잠업이 필요하여 한양에 가까운 잠실과 아차산 아래, 잠원동 등에 잠실을 조성했다. 연희동 근처에 동잠실이 있다. 겸재의 스승 삼연 김창흡이 잠실에서 남산을 보면서 시를 남겼다. "짙푸르게 눈에 들어오네 저 먼 송림/ 소 등을 탄 누에 머리가 만산에 그늘 덮네/ 늘 편안히 푸른 패기를 기르니/ 천년을 넘어도 도낏날 받지 않겠네" 잠실에서 남산을 잠두로 본 것이다.

1975년 남산 정상에 서울타워가 들어섰다. 서울에서 고도가 가장 높은 인공시설이다. 남산은 조선시대부터 현재에 이르기까지 수도권 시민들의 휴식처가 되고 있다. 당연히 공식적으로 숲도 잘 조성되고 보존되고 있어 서울 도심의 허파 기능을 한다. 애국가에 등장하는 유명

남산 서울타워

한 남산 송림과 함께 자연림에 가까운 활엽수림도 잘 조성되어 있다. 1978년 서울농대 임경빈 교수 연구에 의하면, 남산 숲은 48과 69속 193종의 나무가 있었다. 현재는 서울의 도시적 변화에 따라 지형과 식생의 구조가 달려져 있겠지만, 나름의 보존도 적절히 이뤄지고 있다.

목멱 남산은 편마암 산지로 바위가 단단하면서 검고, 숲을 울창하게 하는 흙이 잘 덮인 토산이다. 남산의 선캄브리아기 경기편마암은 대략 5억 년 이전에 생성된, 중부지역에서 지질적으로 가장 오랜 암석이다. 남산에서 평지로 내려오다 보면 기슭에서 화강암 지대를 만난다. 화강암은 대략 1.5억 년 된 대보화강암이다. 남산의 남향은 햇볕을 잘 받아 마른 땅이 되면서 소나무 종류가 상대적으로 우세하다. 북사면은 화강암 산지로 햇볕이 적고, 그래서 수분이 잘 보존되어 참나무 중심으로 활엽수림이 잘 발달한다. 화강암과 편마암이 극적으로 만나는 곳의 예를 보면, 장충단과 국립극장 쪽은 편마암이고 길 건너 자유연맹과 옛 타워호텔 지역은 화강암이다. 근처의 성곽석은 화강암과 편마암이 함께하는 곳이 많다. 과거 성채를 이뤘던 성곽석들이 허물어지고, 더러는 다른 용도로 사용되고 있음을 현장에서 볼 수 있다.

지금의 남산은 서울의 대표적인 공원이고 외국 관광객들도 즐겨 찾는 곳이다. 서울타워, 남산팔각정, 남산봉수대, 남산한옥마을, 한양도성길, 한남공원 등의 볼거리가 있다. 근처에는 장충단공원, 용산공원이 있다. 남산은 퇴계 이황, 다산 정약용, 안중근 의사, 백범 김구, 소파 방정환, 유관순 열사의 동상을 안고 있다. 오랜 세월 시민들이 다니면서 산길도 잘 나 있다. 남산은 북악산과 인왕산 등 북한산열과 함께 도심, 한강, 강남 등 서울권 거의 전반을 살필 수 있는 조망산이다.

풍수지리의 신앙지 계룡산의 역사지리

　계룡산(鷄龍山)은 국립공원으로 지정된 한국의 명산이다. 대전시 서쪽에 인접해 있다. 전형적인 중생대(1억 6000~1억 년) 대보화강암 산지로 관악산, 월출산 등과 같이 웅장한 산봉을 자랑한다. 높이는 845m에 불과하지만 평지에 갑자기 솟아 있는 형상이다. 계룡산은 닭과 용이 얽혀 있는 형상이어서 붙여진 이름이다. 그러한 신비감과 경외감으로 오랫동안 민속신앙의 중심지 역할을 해왔다. 그래서 개인적인 민속신앙과 함께 음택의 풍수지리를 업으로 하는 이들이나 풍수지리학 연구자에게 좋은 지역 자료가 되었다.

　전통적으로 닭 벼슬은 출세를 상징하며, 아침을 깨우는 닭 울음소리도 좋은 징조로 본다. 특히 갑사구곡(甲寺九谷)의 금계암은 금계포란(金鷄抱卵, 금닭이 알을 품은 형국)의 대표로 여긴다. 계룡산 인근에는 닭 이름

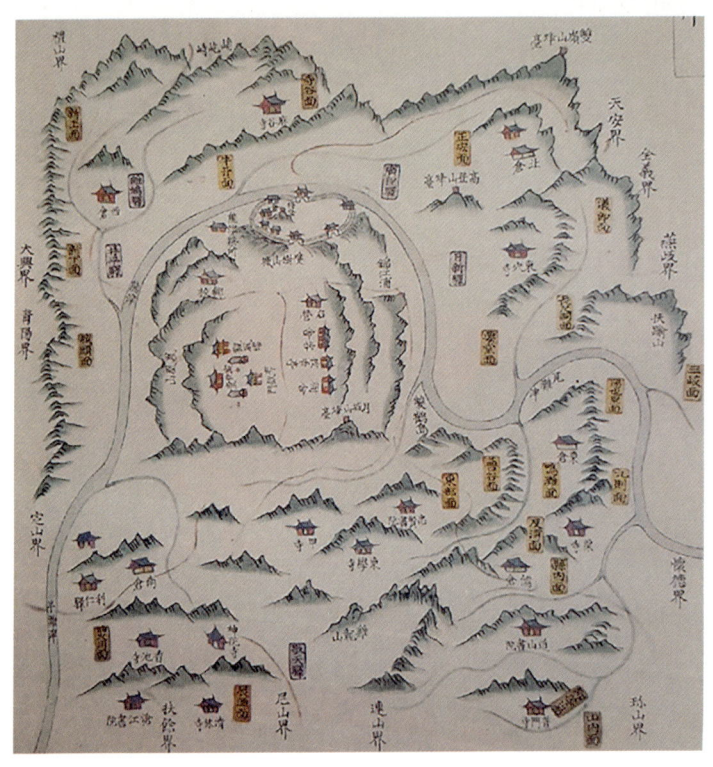

1720년대 지도인 『여지도』에 표기된 계룡산과 공주 일대

지명이 많다. 금계암 외에도 공주 이인면의 계란봉, 청양 청남면의 닭밭골(鷄田谷), 공주의 계봉산·금계산·달걀봉, 계룡면 완산천의 닭머리 마을, 대전의 계산동(鷄山洞) 등이 있다. 현재 공주에 추계리가 있고 조선시대에는 유성에 추계리가 있었다. 대전시 동쪽에 있는 계족산(鷄足山)은 닭의 발을 닮았다 하여 붙여진 이름인데, 근래에 맨발걷기 산릉으로 잘 알려져 있다.

계룡산과 계룡저수지

　계룡산은 화강암 산지로 경사가 급하고 토양층의 발달이 미약해 식생의 성장에 불리한 환경이다. 강우 시에는 비교적 짧은 시간에 물이 불어서 급류를 형성하지만, 평소에는 유량이 적은 지형적 조건 때문에 그동안 계곡 하단부에 많은 저수지를 축조해 농수로 이용해왔다. 기반암 노출로 돌출한 암릉이 많고 수직절리에 의한 탑형의 바위들이 잘 발달해 있다. 계곡은 깊은 골짜기를 이루어 산릉과 계곡이 확연하게 대조된다. 풍수적으로 보면 전형적인 산태극수태극(山太極水太極)이다. 오랜 풍화의 편마암 지역에 화강암이 관입한 석산은 가시적, 심리적 경외감을 주기에 충분하다.

　계룡산이라는 지명은 천황봉과 쌀개봉을 이은 북쪽 능선이 닭의 벼슬을 닮았고 전체적인 모습은 용이 굼실거리는 모습이라 해서 붙여졌다고 한다. 조선 초기 무학대사가 이곳의 풍수가 금계포란형과 비룡승천형을 동시에 갖는다고 해서 계(鷄)와 용(龍)을 따서 지었다는 설도 있다. 우리의 일상에서 가장 많이 보는 닭과 상상의 동물인 용이 함께하는 특이한 이름이다. 아침 닭의 신선함과 낮 동안에 크게 용트림하는 기상의 결합이라 하겠다.

이중환(1690~1756)이 지은 『택리지(擇里志)』 「복거총론(卜居總論)」의 산수(山水)편을 보면, 진잠(鎭岑)의 계룡산을 개성의 오관산, 한양의 삼각산, 문화의 구월산과 함께 "수려한 석산으로 물이 맑으며, 강이나 바다가 모이는 터로서 큰 힘을 쓸 수 있는 곳"이라고 했다. 이들은 모두 역대 도읍지에 위치하거나 가까이에 있다. 이중환은 이 산들을 비교하면서 계룡산은 "웅장함은 오관산만 못하고 수려함은 삼각산만 못하다. 안수(명당이나 마을 앞쪽으로 흘러나가는 물줄기)가 적고 다만 금강 한 줄기가 산을 둘러 돌았을 뿐이다. 계룡산 남쪽 골은 한양과 개성에 견주어서 기세가 떨어진다. 판국 안에 평지가 적고 동남쪽이 널따랗게 트이지 않았다. 그러나 그 내맥이 멀고 골이 깊어 정기를 함축하였다. 서북쪽에 있는 용연은 매우 깊고 또 크다."고 했다.

『삼국사기』에 의하면 계룡산은 통일신라시대에 국가의 안위를 위하여 제사를 지내는 삼산오악(三山五嶽) 중 하나였고, 백제시대에는 불교 성지로 부각되었다. 풍수지리설, 도참설(圖讖說) 등은 계룡산의 오랜 산악신앙의 역사와 함께했고 지리산, 태백산, 마니산, 구월산 등보다도 더한 신앙의 대상이 되었다. 또한 이곳의 갑사, 동학사, 신원사는 계룡

계룡산 신원사에 있는 중악단. 조선시대 국가에서 산신제를 지내던 곳이다.

산 불교 신앙의 3대 축을 이루고 있다.

조선시대 계룡산은 묘향산의 상악단, 지리산의 하악단과 함께 중악단으로 지정되어 산신에게 제사를 지냈다. 신원사에 중악단 유적이 남아 있다. 그 외 영규대사 묘, 신원사 5층석탑, 동학사 남매탑(오뉘탑) 등이 있다.

계룡산은 풍수적으로 길지로 인식되고 『정감록(鄭鑑錄)』에는 800년 도읍지 신도안(新都安)으로 기록되고 있다. 조선 왕조 초기 무학대사가 주장하여 이곳을 도읍지로 정하고 공사를 시작했다가 그만둔 사실이 있다. 그 후로도 많은 도참서들의 설명이 가미되어 신비의 산, 영험이 많은 산으로 추앙되며 최근까지도 개인적 신앙의 장소, 신흥 종교의 메

계룡산을 배경으로 대전국립현충원이 들어서 있다.

카로 일컬어져왔다.

　현재 신도안 지역은 1975년 종교정화사업과 1983년 3군 본부 이전 사업 등으로 신흥 종교는 모두 철수되고 군 본부 계룡대가 들어서면서 계룡시가 되었다. 국가 주요 기능의 일부가 신도안에 들어온 셈이다. 그리고 신도안에 인접한 계룡산 동쪽에는 국립현충원이 들어서 있다. 정부 제3청사도 대전에 들어와 있다. 도안(都安)의 모습을 어느 정도 보여주고 있는 셈이다.

　계룡산은 금강 남쪽에 자리 잡은 하나의 커다란 산체다. 최고봉 천황봉(845m)를 중심으로 북쪽으로 쌀개봉(828m), 관음봉(816m), 삼불봉(775m), 수정봉(662m), 신선봉(642m), 장군봉(500m)이 이어지고, 동쪽으로는 천왕봉(605m), 황적봉(664m), 관암봉(526m)이, 남쪽으로는 향적산(574m), 국사봉(436m)이 이어진다. 계룡산의 산줄기들은 그 형태가 다섯 손가락을 펼친 형국이고, 이들 손가락 같은 산줄기들 사이로 여러 지류들이 모여서 용수천, 두계천, 노성천 등의 큰 지류가 되어 금강으로 유입된다. 다섯 손가락 모양의 산 능선에 손가락 사이사이로 물줄기들이 접어들고 있다고 볼 수 있다. 이것이 전형적인 산태극수태극의 모습이라고 한다.

  이러한 계룡산 형상은 당연히 종교와 무속의 대상이 될 수밖에 없었다. 1910년대부터 1980년대까지 신도안에는 여러 종교계들이 모여 종교촌이 형성되었다. 무속의 대상으로서 굿을 벌이는 가장 영험한 곳으로는 삼불봉과 금룡암 계곡이 꼽힌다. 계룡산의 숫용추와 암용추는 특히 영험이 많은 곳으로 알려졌다. 신도안 군사시설 설치와 국립공원 정화 사업으로 무속과 종교 행위가 근절되기 전까지 사람들의 발길이 끊이지 않았다. 계룡산은 오늘날에도 여전히 신앙과 영험의 명산으로 남아 있다.

선녀와 나무꾼이 만나는 곳, 폭포와 소

더운 여름이다. 산속 시원한 계곡물을 찾아가 발을 담근다. 그런 곳 중에 대표적인 것이 선녀탕이다. 우리나라의 많은 산간 계곡에 선녀탕이란 이름의 물그릇이 있다. 우리가 잘 아는 〈선녀와 나무꾼〉 이야기가 전해지는 곳이다. 내용은 하늘에서 심산유곡에 목욕하러 내려온 선녀와 선녀의 날개옷을 훔친 나무꾼이 사랑을 나누고 아들딸을 낳고 행복하게 살다가 하늘로 간다는 전설이다.

누군가가 이 전설에 재미를 더해 다음과 같이 이야기를 또 만들었다. 선녀가 나무꾼과 살림을 차려 행복하게 사는 것을 본 동료 선녀가 따라 하고파 선녀탕으로 내려와 목욕을 했다. 날개옷을 나무꾼 눈에 잘 띄는 바위에 올려놓고 몇 시간을 물속에 있는데도 나무꾼은 오지 않았다. 그런데 어느 나무꾼이 선녀탕 가까운 곳에 나타나서 나무를 하기 시작

설악산 십이선녀탕계곡에 있는 용탕폭포(일명 복숭아탕)

했다. 선녀는 물장구를 치면서 크게 소리도 냈다. 하지만 나무꾼은 전혀 개의치 않고 열심히 나무만 했다. 지친 선녀가 화가 나서 나무꾼에게 다가갔다. 왜 아는 체도 아니하고 날개옷도 가져가지 않느냐고 따졌다. 나무꾼이 말했다. "지는 여기 나무꾼이 아니구유, 〈이 도끼가 네 도끼냐〉의 나무꾼이구만유."라고.

대중에게 널리 알려진 선녀탕으로는 강원도 설악산(1,707m)의 십이

선녀탕이 있다. 그 외에 강원도 금강산(1,638m)의 선녀탕, 경북 주왕산(729m)의 선녀폭포(3폭포 중 1폭포), 경기도 포천 소요산(587m)의 선녀탕과 선녀폭포, 강원도 강릉 노인봉(1,338m)의 선녀탕계곡, 전북 완주 장군봉(742m)의 선녀탕, 전북 순창 강천산(584m)의 선녀계곡, 경남 밀양 억산(954m)의 선녀폭포도 유명하다. 이렇게 전국 산지에 선녀탕, 선녀폭포, 선녀계곡 등의 명칭이 고루 퍼져 있다. 멋진 계곡 물탕이 보이면 선녀 이름을 붙인 것이다.

선녀탕과 유사한 것으로는 강원도 춘천 청평산(785m)의 공주탕, 강원도 양양 점봉산(1,426m)의 여신폭포, 강원도 인제 가리봉(1,519m)의 옥녀탕, 경북 문경의 작성산(1,077m)의 옥녀탕폭포, 문경 주흘산(1,106m)의 여궁폭포 등이 있다.

그러면 선녀탕과 같은 지형은 어떻게 만들어졌을까. 일반적으로 높은 산지는 낮은 평지에 비해 풍화와 침식으로 산지의 표면이 잘 깎여나간다. 당연히 높은 곳이 더하다. 산속에 내린 빗물이 계곡을 만들어서 흘러내린다. 높은 곳에서는 급사면을 만들고, 계곡에서 거의 수직을 이루는 곳에서는 폭포를 만들기도 한다. 폭포(瀑布)는 떨어지는 물의 힘에 의하여 바로 아래 깊이 파여서 깊은 웅덩이를 만든다. 폭포 아래 물탕을 깊은 병과 같다 하여 폭호(瀑壺)라고 부른다. 이곳은 매우 깊어서 5~6m 이상에 달할 때도 있다. 큰 폭포 아래의 폭호에서는 흔히 목욕이나 수영을 금지하고 있다. 가끔 인명 피해가 있을 정도로 위험하기 때문이다.

일반적으로 폭포에서 내려온 물은 계곡 아래로 계속 내려가면서 침식으로 계속 물웅덩이를 만들어낸다. 웅덩이, 소(沼), 물탕 등으로 다양한 이름이 붙는다. 이런 웅덩이를 구혈(口穴, pothole), 영어로는 cascade라고 하는데, 깊이는 다양하다. 물론 폭호보다는 깊이가 조금 덜하여 얕은 곳은 1m 정도 내외여서 목욕하기가 좋다. 깊은 산속 이런 곳에 선녀탕이란 이름이 붙고, 선녀가 목욕을 했다는 전설이 따른다. 선녀와 나무꾼 정도 외에는 일반 백성들이 자주 갈 수가 없는 곳이다. 달밤이라면 더욱 힘들다.

앞서 언급했듯이 폭포 아래는 너무 깊어서 목욕하기 위험하다. 목욕을 하지 않는 나무꾼은 더 많은 나무를 하기 위하여 더 높이 올라간다. 그리고 폭포 옆에서 작업을 하다 폭호에 아차하고 도끼를 빠뜨린다. 깊어서 건질 수가 없어 안타까워하는데, 산신령이 나타나 "네 도끼냐?" 하면서 건져준다. 말하자면 폭포 아래 폭호 웅덩이는 〈산신령과 나무꾼〉 이야기의 장소이고, 폭포에서 더 내려가야 있는 조금 얕은 웅덩이는 〈선녀와 나무꾼〉의 장소인 것이다. 지형적으로 위치가 다르다.

웅덩이의 침식도 종류가 여러 가지다. 산속 계곡의 물 흐름은 거세다. 물속에는 침식되어 떨어져 나온 모래와 자갈들이 섞여 있는데, 이들이 기반암 바닥을 부드럽게 갈아서 깊이를 더하면서 웅덩이가 만들어진다. 물론 떨어지는 물 자체의 힘도 작용한다. 침식의 종류 중에서 바닥이 모래나 자갈 등에 의해서 갈려서 침식되는 것을 마식(磨蝕)이라고 한다. 반면에 석회암 지역의 돌리네처럼 물에 녹아서(용해되어) 침식당하는 것을 용식(溶蝕, corrosion)이라고 한다. 바람에 의한 것은 풍식(風蝕), 파도에 의한 것은 파식(波蝕), 얼음이나 눈에 의한 것은 설식(雪蝕)이 된다.

  선녀탕은 폭이 좁고 둥근 형태거나 조금 길게 발달하면서 계단상으로 여러 개가 있는 것이 보통이다. 영어의 cascade와 같은 의미로 계단식으로 작은 규모의 폭포가 연속으로 나타난다. 설악산, 금강산 등에도 있고, 많은 산들에서 그러하다. 하천의 상류가 된다. 지역마다 다르지만 보통 상당히 높은 그 지역 산지의 깊은 산중에 위치한다. 당연히 사람들이 많이 오지 않으므로 선녀들이 목욕을 하고, 기껏해야 직업상 깊은 산으로 들어가는 사람은 나무꾼뿐이다. 그래서 나무꾼 이야기에서는 나무꾼과 산신령, 선녀가 등장인물의 다인 것이다.

  숲속의 물길이므로 차갑다. 더운 여름에 산에 가서 계곡물에 발을 담그는 것은 우리의 오랜 피서법이다. '깊은 산속 옹달샘'도 있는데 이것은 선녀폭포를 지나 더 올라가서 있다. 처음으로 산지 표면으로 물이 스며 나오는 곳을 가리키는데 본류와 지류의 최상류에서 발원지를 형성하는 사례가 많다. 모두 자연적인 산지 지형이다. 그러나 깊은 산지의 물길과 웅덩이는 위험할 수 있으니 늘 웅덩이 모양과 물의 흐름과 깊이 상태를 잘 살펴야 한다.

한국의 콩, 그 오래된 역사

 콩은 대표적인 한국의 작물이고 식품이다. 단백질이 가장 많은 식물 품종으로 대략 단백질 34~40%, 지방질 15~20%, 탄수화물 40%이다. 쌀, 보리, 조, 옥수수와 함께 5곡으로 꼽는다. 콩은 매우 다양한 방법으로 다양한 음식을 제공하는데 특히 발효식품으로 콩만 한 작물이 없다. 직접적인 것으로 콩나물, 콩기름, 콩물, 콩떡, 콩죽, 콩깻묵, 콩잎 등이 있고, 메주를 통해 발효되어 만들어지는 식품의 대표로 간장, 된장, 고추장 등 3장이 있다. 우리의 식탁에 매우 깊이 관여하는 것들이다. 콩은 인간이 키우는 소와 돼지에게도 중요한 양식이다.

 콩은 한국을 포함한 동북아를 원산지로 하는 작물이다. 역사학, 고고학, 인류학, 지리학 등의 자료에 따르면, 한국의 콩 재배와 이용은 탄화콩 등으로 보아서 거의 5000년 전까지 거슬러올라간다. 즉 한국의 콩

수확 전 콩줄기

재배 역사는 고조선시대까지 넉넉히 올라간다. 원삼국시대에 귀족들은 주로 쌀을, 서민층에서는 보리와 콩을 주식으로 삼았다고 한다. 춘원 이광수는 그의 기행문 『오도답파여행(五道踏破旅行)』에서 "백제시대 사비에는 쌀, 밀, 콩이 까맣게 탄화하여 남아 있다."고 적고 있다.

콩은 일상에서도 우리와 깊은 관계를 가진다. 흔히 쓰는 비유로 '콩인지 팥인지……', '콩 심은 데 콩나고……', '콩으로 메주를 쑨다고 해도……' 등이 있다. 그리고 '콩밭 메는 아낙네……'라는 노래도 있다.

1930년대 한국을 답사한 독일 지리학자 라우텐자흐에 따르면, 당시 콩의 재배 면적은 조와 함께 3위를 다퉜는데 콩은 기상조건이 나쁜 해에도 다른 작물에 비해 실패 염려가 적은 작물이이었다. 콩은 작물의 연도별 변동 폭이 매우 작아 해마다 수확량 곡선이 일정한 추세를 보인

콩타작 하는 농부(1880)

다. 당시 밭농사 9작물은 보리, 밀, 귀리, 조, 피, 수수, 감자, 콩, 면화였다. 콩의 재배지역도 전국적으로 골고루 분포했다. 그리고 재배 면적과 단위 면적당 수확량의 증가가 크지 않았다. 콩에 대한 총독부의 품질관리와 감독이 많았는데, 당시 세 번째로 중요한 수출 농산물이었다. 주요 수출항은 웅기, 청진, 성진, 원산, 신의주, 평양, 금천, 철산 등으로 모두 한반도 북부지방이며 주로 일본에 수출되었다. 대략 대도시 근처 콩 작물들은 거의 지역 자체적으로 소비되었을 것이고, 수요 인구가 상대적으로 적은 북한 지역 생산 콩 작물이 수출 대상이었을 것이다.

1940년대 자료를 보면 북부의 대두는 보리와 밀의 간작으로 생산되었고, 서북부에서는 옥수수와 간작을 했다. 당시 우량 대두로는 함남 단천, 안변, 평안도의 평양, 강원도의 금강, 경기도의 장단, 황해도는 황주, 경상도의 울산이 유명했다. 이들 콩을 다른 지역으로 출하하는 주요 집산지는 웅기, 청진, 원산, 신의주, 평양, 전주, 철원 등이다.

1970년대에 산지의 화전정리와 조림산업이 비교적 철저히 실행됐다. 초등부터 고교까지 식목일이면 어김없이 식목에 참여했다. 1980년 산림청에서 발간한 『화전정리사』에는 1974년에서 1978년까지 화전가구 지원사업과 투자내역이 상세히 보고되어 있다. 이 통계를 보면 총 15,619 필지에 1,648ha의 재경지(再耕地: 허락없이 산림지를 개간하는 지역)가 발생하고 조림 피해는 무려 161,344그루였고 대부분이 1977년에 발생했다. 파종된 작물 내역을 보면 맥류(보리, 밀) 231ha, 두류(콩, 팥, 강낭콩 등) 523ha, 서류(감자) 141ha, 채소류 309ha, 약초 9ha, 담배257ha, 기타 177ha로 기록하고 있다. 콩 재배가 당연 압도적이다. 어려운 살림살이에 영양분과 단백질 공급에 콩이 가장 유리했던 것이다. 콩은 별다른 농경조건 없이 산지에서 비교적 편하게 재배할 수 있는 것도 작용했을 것이다. 두부와 함께 간장, 된장 콩나물로 길러서 양식을 삼았다. 모두 가정에서 할 수 있었다.

1890년대 한국을 방문한 영국 지리학자 비숍의 한국지리지(『한국과 그 이웃 나라들』)를 보면 콩은 쌀, 목화, 삼, 담배 등과 함께 주요 수출품이었다. 주로 일본으로 건너간 것으로 보인다. 남한강 유역의 비옥한 농촌에서 쌀, 콩, 알곡 등을 팔고, 외제 면적물, 삼베, 소금 등을 구입한다. 한국의 소는 끓인 콩, 잘게 썬 수수대, 콩줄기, 콩깍지, 콩 삶은 물을 먹고 자란다. 조랑말도 비슷하다. 콩은 축산에 큰 역할을 했다. 깨끗하고 더운 방에다 간장을 만들기 위한 메주를 띄운다. 만주에서 콩은 그야말로 지역의 상징이다. 가격은 안정되어 있고, 콩알배기(Pea-boats)라는 작은 돛배가 콩을 내륙으로 운반한다. 맷돌로 콩기름을 만들고 연료와 요리에 사용한다. 만주에 약 3만 명의 한인 이주자가 있었다. 정치 분쟁과 관리 착취가 이주의 원인이라 한다. 만주의 비옥한 풍적토 작물로 가장 돈벌이가 되는 것이 콩과 기름, 양귀비, 담배다. 시장에서도 곡물, 콩, 모피의 거래가 활발하다. 황해도 봉산에서 일본 상인들은 작은 마을을 다니며 쌀, 곡물, 콩을 받아서 일본으로 보냈다. 한국의 수출품에서 가장 중요한 것은 콩, 말린 생선, 암소고기, 인삼, 종이, 쌀, 해초 등이다. 제물포, 부산, 원산을 통해 거의 중국과 일본으로 간다.

라우텐자흐는 한국지리지 『코레아』에서 콩의 재배와 생산에 대해 상세히 적고 있다. 동아시아 밭작물에서 콩이 차지하는 비중은 중부유럽보다 월등히 높다. 한국에서 콩은 경지면적이 적지만 재배 기후 조건이 좋다. 풍부한 강수량으로 만주보다 유리하다. 논두렁에 심은 콩은 퇴비 없이도 잘 자란다. 기온 관계로 개마고원에서는 조금 적게 재배되지만 거의 대부분 지역에서 콩을 키운다. 파종 시기를 보면 북부는 3월 말과 5월 초 사이, 남쪽에서는 6월까지 늦어진다. 생산 시기는 10월이지만, 제주에서는 11월에 이루어진다. 콩은 가장 오래 서 있는 전작물이다. 콩은 식용, 말 사료, 논의 비료로도 사용된다. 콩 식품으로는 간장이 가장 중요해보인다. 두부와 된장도 만든다.

1980년대에 이르면 한국의 연간 콩 수요량은 110만 톤이 넘었다. 하지만 국내 생산량은 23만 4천 톤(1985)에 불과하여 착유용은 포기하고, 직접 식용에 적용되는 두부, 콩나물, 장류를 위한 메주콩에 적합한 품종만 재배하였다. 강원도 산간지역에서는 대략 60종의 콩을 재배하는데 장콩, 두부콩, 밥밑콩, 나물콩으로 구분된다. 콩은 여름 작물로 비교적 높은 온도를 요구하며 여름철 생육기간(5~9월) 동안 적산온도는 2,400℃, 생육일수 150일이 필요하다. 대관령 고냉지에서는 표고 800m에서도 재배가 가능하다.

한국은 콩 수입을 위해 미국의 콩 재배와 대두산업에 관심을 가지고 한미 간 협업을 실현하고 있다. 미국 콩의 주생산지인 오하이오주가 대표적이다. 생산에서 식용까지 환경친화적인 방안에 노력하고 있다고 한다. 오하이오주는 환경과 토양 조건이 완벽하고 오하이오강과 미시시피강을 통해서 남쪽으로, 오대호를 통해서 북쪽으로의 대두 운반이 용이한 점이 장점이다. 브라질 아마존 열대우림도 최근 콩 재배를 위해 벌목되고 있다고 한다. 콩은 동북아에서 처음 경작하여 중국의 생산이 세계에서 가장 많았지만, 1950년대 이후 서반구의 콩 재배가 증가하면서 1990년대에 접어들면 미국, 브라질, 아르헨티나가 중국을 앞선다. 미국에서는 밀과 옥수수 다음으로 3대 작물에 들어간다. 일반 식품 외에도 축산 사료로서의 중요성도 매우 높아졌기 때문이다. 사료작물로서의 소비는 동아시아에서도 증가해왔다.

콩은 해방 전까지 남한보다 북한의 밭에서 더 많이 생산되었다. 그러나 식량 공급 차원에서 단위면적당 수확이 옥수수에 밀려 콩 재배지

두부장수(1930년대)

는 옥수수 재배지로 많이 바뀌었다. 콩 재배지는 옥수수가 안 되는 경사지나 고산지대에 조성되었다. 논두렁과 밭두렁, 과수원과 뽕밭 빈 자리에서도 콩을 재배했다. 이들 공간은 수분이 상대적으로 많아 콩 성장에 유리하다. 북한의 논면적 3%가 논두렁인데 여기에 모두 콩을 심는다. 논 관리에 조금 불편하지만 토양, 습도와 통기성이 좋기 때문이다. 옥수수, 수수 등과 혼작을 하기도 한다. 그럼에도 김완배(2004)에 따르면 1990년대 남한의 콩 재배면적은 8.4만 ha, 북한은 27.6만 ha로 남한의 3배를 넘는다. 생산성은 북한이 1.1톤/ha로 연간 31.2만 톤을 생산하고, 남한은 1.6톤/ha로 연간 13.6만 톤을 생산한다.

조선시대에 들면서 콩으로 메주, 된장, 간장 제조에 관한 조정의 장려와 민간의 노력으로 많은 발전을 했다. 세종 때에는 기근이 들면 백성들에게 쌀, 콩, 장 등을 지급했다. 임진왜란 이후에는 고추장도 보편화되기 시작했다. 과거 1970년대까지만 해도 시골에서는 간장과 된장, 고추장 메주를 띄워 집에서 만들었다. 지금은 도시화와 공업화로 바쁜 일상에서 장류 식품은 기업화되고 있다. 다만 최근의 극심한 지구 기온의 상승 등 기후변화로 미국, 브라질, 아르헨티나, 호주 등 대규모 콩 재배지의 생산 차질이 생긴다면, 밀과 커피와 함께 한국 농산물 수입의 큰 축인 콩의 수입과 가격 상승이 조금은 걱정이 된다.

만주와 한국에서 건너간 콩 농사가 유럽을 통해 미국과 브라질 등에서 대규모로 이루어진 것이다. 아마도 1940년대 내외로 보인다. 2015년 당시 국회의원 강동원 씨는 연해주 농업 진출에 많은 관심을 가지고 작업에 진력했다. 연해주는 쌀, 밀, 콩 등의 주요 작물 재배지이다. 아무튼 해외 콩 농업 진출에서도 성공사가 들려오길 바란다. 2024년 12월에는 한국의 '장담그기 문화'가 유네스코 인류무형문화유산으로 지정되었다.

풍토, 자연환경에 적응한 인문 현상

 풍토(風土)는 우리에게 익숙한 용어다. 풍토는 느끼지 못할 정도로 개인과 지역의 문화와 습속에 녹아 있다. 그러나 최근 세대는 오랜 과거의 것이라 생소한지 잘 사용하지 않는 것으로 보인다. 풍토는 지역과 사회에 대한 긍정과 부정을 함께 인식하는 한국의 자연과 인문을 의미한다. 오랜 역사가 미친 현재의 모습이다. 마을의 입지와 연관되는 배산임수, 풍수지리, 마을 주민의 일상, 서로들의 관계 인식 등이 있을 것이다. 풍토는 긍정과 부정이 함께 존재한다.

 풍토는 그 지역의 지형과 기후 그리고 그 영향을 받은 식생과 토양 등의 자연환경과, 그에 대한 인간의 적응을 말하는 인문환경 모두를 의미한다. 풍수(風水), 풍상(風霜), 풍화(風化), 풍해(風害), 풍경(風景), 풍치(風致), 풍습(風習), 풍속(風俗), 풍물(風物) 등 자연환경의 영향에 의한 인간의 적응 혹은 인간의 반응을 의미하는 용어들이 연계되거나 파생된다. 다시 말해 풍토는 인간 생활과 심리에 미치는 지리적인 조건(風水)과 그에 대응하거나 적응한 인간의 노력, 적응의 결과로 나타난 자연적 혹은 인문적 모습, 적응의 결과로 나타난 지역의 풍속, 지속적인 자연의 영향에 의한 변화(風化) 등을 말한다. 영어로는 landscape가 가장 적합하다 싶지만, 풍토의 심리적 특성과는 조금 거리감이 있어 꼭 들어맞는다고는 할 수 없다. 2012년 대구미술관에서 "삶과 풍토"라는 제목으로 미술대전이 열렸다. 풍토에 대한 공간과 심리의 결합을 의미하면서 영어로 제목을 "Nature, Life, Human"이라 했다. 참 적절했다는 생각이 든다. 풍토를 풀어쓴 것으로, 자연과 생활에서 개인이 가지는 심리가 아닐까 생각한다.

지리학자 정장호 교수에 따르면 풍토는 "지역에 따라 서로 다른 특색을 지닌 환경으로서의 자연으로 자연과 인간의 생활이 혼연일체가 된 특유의 토지(土地)의 성질"을 말한다. 풍토의 풍(風)은 뜻 자체를 보면 바람이며 바람은 멀리서 오는 기류이고 이동하는 기류는 습기(濕氣, 수분)와 온도(에너지)를 전달해주므로 그 자체가 바로 기후(氣候, 짧은 시기에서는 날씨, 氣象)를 의미한다. 삶의 땅은 자연적으로 기후, 지형, 식생, 토양을 모두 포함한다. 예를 들어 풍토병(風土病, endemy)은 특정 지역에서 자연지리적으로 발생하는 질병이다.

풍토는 용어 자체로 바람과 토양, 즉 기후와 지형을 의미한다. 그리고 자연환경과 함께 자연환경의 영향으로 형성된 인문환경을 포함한다. 이는 특정 지역의 지역성(地域性,regionality)을 뜻한다. 지역과 지역민 삶의 저반(底盤)을 이루는 환경을 말한다. 결국 풍토는 이러한 지역적 환경에 따른 풍습과 생활 방식에 드러나며 또한 미묘하게 드러난다. 즉 풍토는 때로 '감각', '상상력', '감정', '행복감' 등으로 복잡하게 나타난다. 독일에서 발달했던 풍토심리학(geopsychology)은 이러한 풍토가 개인과 지역에 미치는 인간의 심리 현상과 인간 행동에 대한 분석이다. 프랑스의 오랜 와인 생산 역사에서 늘 테루아르(terroir)를 강조하는데 그것은 토양과 기후가 생산지에 미치는 영향과 이러한 영향에 따른 각지의 독특한 와인의 풍미를 말한다. 말하자면 와인 풍토를 의미한다.

『풍토기(風土記)』는 일본 나라시대 겐메이 여제 당시(713) 칙령으로 편찬된 것으로 『고사기(古事記)』, 『일본서기(日本書紀)』와 함께 일본의 3대 역사 기록물에 속한다. 일본의 대표적인 지리지(地理誌)이며 통치(행정)를 위한 지방지리지이다. 이 책의 역자이며 일본학 전문가인 강용자 박사에 의하면, 『풍토기』는 '기후와 지역에 대한 기록'이며 일본 최초의 지역지리서다. 이 책은 행정, 산물, 토지, 지명 유래, 전래되는 이야기와 특이한 사건들을 다루고 있다. 지리지(地理誌)이면서 생활지(生活誌)라고 역자는 말한다. 헤이안시대에 『풍토기』에 주석을 달아 해석한 『영집해(令集解)』(757)에 따르면 "풍(風)은 사물을 양육하는 것이며 토(土)는 만물을 탄생시키는 것"이다. 말하자면 "풍토는 인간성이 풍부한 자연이며, 인간의 성정이나 생활에 접한 것에서 취해진 자연"이다. 『풍토기』에는 신라, 백제에 관한 사항, 일본에 도래한 한국인들에 대한 사항도 있다고 한다.

한국의 근대 정치외교 전문가인 신복룡 명예교수는 "한말 외국인 기록"이라는 시리즈로 한국을 방문한 외국인이 바라본 한국의 지리, 지역, 풍습, 사건 등을 기록한 견문록, 지리지, 역사서 등을 번역하여 소개하고 있다. 영국의 여성 지리학자 비숍의 『조선과 그 이웃 나라들』도 있고, 『조선의 풍물지(風物誌)』(R.칼스, 1999, 집문당)』와 『서울 풍물지』(G. 길모어)가 있다. 풍물지 외에도 그의 번역서들에는 지리와 관련한 제목으로 '견문기' '조선' '나라' '비망록' '동물지' '표류기' '탐사기' 들이 붙어 있다. 특히 『조선의 풍물지』는 한국의 자연과 인문 지리적인 조건과 모습, 생활 모습 등을 설명하고 관련된 그림까지 싣고 있다. 여기서 풍물지는 지리지이면서 생활지이다.

현대 한국 단편소설의 백미인 김승옥의 『무진기행(霧津紀行)』을 보면, 주인공이 고향 가는 버스 속에서 그 지역 승객들이 나누는 대화를 듣고 있는 장면이 나온다. "바다가 가까이 있으니 항구로 발전할 수도 있을 텐데요?" "……그럴 조건이 되어 있는 것도 아닙니다. 수심이 얕은 데다가 그런 얕은 바다를 몇 백리나 밖으로 나가야만 비로소……바다다운 바다가 나오는 곳이니까요." "그럼 역시 농촌이군요." "그렇지만 이렇다 할 평야가 있는 것도 아닙니다." "그럼 그 오륙만이 되는 인구가 어떻게들 살아가나요?" "그러니까 그럭저럭이라는 말이…….""……그렇지만 한 고장에 명산물 하나쯤은 있어야지." 여기서 승객들은 그 지역의 지리적인 조건을 이야기하며 그러한 조건 속에서 사람들이 어떻게 살아가는지, 어떠한 지리적인 여건의 영향을 받으면 살아가는지를 말하고 있다. 소설가는 안개라는 이름으로 이 지역의 풍토를 그려낸다.

일본 가와바타 야스나리의 노벨 문학상 수상작인 소설 『설국(雪國)』을 보자. "무위도식하는 그는 자연과의 보호색을 찾는 마음 때문인지 객지에선 그 고장의 인정과 풍습에 본능적으로 민감했다.…… 소박한 풍경 속에서 곧 한가로운 기분을 …… 이곳은 눈 고장에서도 가장 살기가 좋은 마을 중의 하나라는 것." 여기서 주인공이 방문한 지역의 풍토에 대한 적응하려는 노력을 알 수 있다. 온천장으로 요양을 온 주인공이 비교적 오랫동안 머물기 위한 적응이거나 완전한 요양을 위해 지역의 풍토에 자신을 맡기는 자연적인 행동일 것이다. 야스나리는 눈이 많이 오는 지역에 대한 지리적인 특성, 풍토를 담담하게 기술하고 있다. 이러한 지역 풍토 자체가 주제로 보인다.

풍토는 지역의 고유성, 지역에 대한 미묘한 느낌 등을 말한다. 풍토는 부정적인 의미도 많다. 지역의 배타성과 고립성은 지역의 배경, 기저, 기층, 잠재적 특성을 반영한다고 본다. 부정적인 의미가 포함되어 있다. 결국 풍토는 인간의 삶과 역사, 사회 구조의 근간을 이루는 환경적 배경, 조건 등을 의미한다. 풍토는 장기간적인 누적(累積), 각인(刻印), 고착(固着)을 의미한다. 풍토는 지리(geography), 경관(landscape), 지역성(regionality), 관습(custom), 삶의 양식(mode of life), 사회성(sociality) 등 다양한 의미를 가진다. 자연과 인간과의 관계, 자연에 의한 인간 생

울릉도 나리분지. 화구가 함몰하여 형성된 평원(화구원)으로 산지에 병풍처럼 둘러싸여 고립된 형태다. 주민들은 이곳을 밭으로 개간하여 농사를 지으며 살아왔다.

활의 영향을 의미하되, 구상과 추상, 공간과 지역과 장소 혹은 여기서 나타나는 현상에 대한 그 기저를 의미한다. 현실적으로 각 지역 특성이 잘 녹아 있는 오랜 풍토의 마을은 점차 사라지는 듯하다. 현대 사회의 도시화, 산업화, 세계화 등의 결과로 지역의 특성이 사라지고 특정 지역도 사라진 결과의 영향이라 본다. 그럼에도 지역의 풍토를 살피는 지역인들의 관심과 연구가 계속되길 바란다.

참고문헌

고광민·도쿠나가 미츠토시·다카하시 코우시로 엮음, 2002, 『사진으로 보는 1940년대의 농촌 풍경: 다카하시 노보루 사진집』, 대원사.
구인환 엮음, 2002, 『춘향전』, 신원문화사.
권동희, 2006, 『한국의 지형』, 한울.
권동희·박희두, 2007, 『토양지리학』, 한울.
권선정, 2004, 『풍수로 금산을 읽는다』, 금산문화원.
권혁재, 2005, 『우리 자연 우리의 삶』, 법문사.
권혁재, 2007, 『남기고 싶은 지리 사진들』, 법문사.
경기도, 2008, 『경기도 물길 이야기: 경기도 나루터·포구현황Ⅱ』, 경기도.
김덕진, 2018, 『전라도의 탄생 1: 생활의 터전』, 선인.
김동진, 2017, 『조선의 생태환경사』, 푸른역사.
김순배, 2012, 『지명과 권력: 한국 지명의 문화정치적 변천』, 경인문화사.
김승옥, 1995, 『무진기행』, 문학동네.
김용옥, 2014, 『부산의 역사와 정신』, 전망.
김원룡·배기동 외, 1983, 『전곡리 유적발굴조사보고서』, 문화재관리국 문화재연구소.
김유혁, 1991, 『풍토와 인간생활』, 법경출판사.
김윤식, 1978, 『한국근대문학사상비판』, 일지사.
김인자, 2007, 『남해기행: 보물섬을 찾아서』, 눈빛.
김일기, 1998, 「조선시대 전오염 제조방법에 관한 고찰」, 『문화역사지리』 10호, 한국문화역사지리학회.
김진애, 2003, 『김진애의 우리도시 예찬』, 안그라픽스.
김창환·정성훈 외, 2023, 『한국지리지 비무장지대』, 진한엠엔비.
김훈, 2001, 『칼의 노래』, 생각의 나무.
남궁봉, 1999, 「한국의 농지개간과정에 관한 한 소고: 김만경평야를 중심으로」, 『문화역사지리』 11호, 한국문화역사지리학회.

남상준, 1982, 「전북 김제지방의 북한 난민 개척촌에 관한 연구」, 서울대학교 석사학위
  논문.
남재작, 2022, 『식량위기 대한민국』, 웨일북.
니시다 이치히코·박춘식 역, 1996, 『풍화토의 특성』, 엔지니어즈.
노형석·이종학, 2004, 『한국 근대사의 풍경』, 생각의 나무.
뿌리깊은나무 편찬, 1992, 『한국의 발견: 한반도와 한국사람(서울, 부산, 경남, 충남, 경기,
  강원, 전북 편)』, 뿌리깊은나무.
마한백제문화연구소·익산시, 2003, 『익산의 선사와 고대 문화』, 마한백제문화연구소.
박노식, 1947, 『신조선지리』, 동지사.
박옥수, 2022, 『박옥수 사진집 뚝섬』, 개마고원.
박종관, 2020, 『지리여행』, 지오북.
손경석·이상규 해설, 1986, 『사진으로 보는 근대한국 상·하』, 서문당.
손일, 2011, 『앵글 속 지리학 상·하』, 푸른길.
서무송, 2010, 『카르스트지형과 동굴연구』, 푸른길.
신귀백 편, 1994, 『이리역의 까마귀떼: 익산교육 100년』, 중원문화.
신민철·이경복 외, 『일제강점기 사진으로 보는 익산의 문화유산』, 국립미륵사지유물전
  시관.
신병문, 2013, 『비상: 하늘에서 본 우리 땅의 새로운 발견』, 엔타임.
신숙주·허경진 역, 2017, 『해동제국기』, 보고사.
양재룡, 2016, 『지도가 실증하는 한국령 독도: 독도도록』, 호야지리박물관.
양희경·심승희 외, 2013, 『서울 스토리』, 청어람미디어.
에드워드 김, 2006, 『그때 그곳에서: 에드워드 김 포토에세이』, 바람구두.
유승훈, 2013, 『부산은 넓다』, 글항아리.
유우익, 2004, 『장소의 의미 I, II』, 삶과 꿈.
이광수, 1963, 『오도답파여행: 이광수 전집』, 삼중당.
이도원 편, 2004, 『한국의 전통 생태학』, 사이언스북스.
이동영, 1999, 『한국 제4기학 연구』, 고 이동영 박사 추모집 간행위원회.
이문종, 2022, 『택리지의 저자 이중환 이야기』, 글을읽다.
이민부, 2009, 『이민부의 지리블로그』, 살림.

이민부, 2011, 『풍토, 그 지리적 연원: 삶과 풍토』, 대구미술관.

이민부, 2014, 『세상을 담은 지리교실』, 푸른길.

이민부 외, 2009, 『독도지리지』, 국토지리정보원.

이민부·김남신 외, 2008, 『경기북부 구 행정지도: 1945년 광복과 2007년 경기북부』, 경기도.

이민부·강창숙 외, 2016, 『한국지리지 충청북도』, 충청북도.

이민부·이광률, 2025, 『추가령 구조곡의 지형』, 가디언북.

이병호, 2019, 『백제 왕도 익산: 그 미완의 꿈』, 책과함께.

이병희, 2023, 『고려시기 생태환경 연구』, 국학자료원.

이사벨라 비숍·이인화 역, 1994, 『한국과 그 사람들』, 살림.

이상옥, 1992, 『이효석: 문학과 생애』, 민음사.

이상태, 2024, 『여기가 '서울' 거기야: 고지도를 읽는 서울의 역사』, 역사인.

이상훈, 2022, 『이상훈의 마을숲 이야기』, 푸른길.

이석우, 2016, 『겸재 정선: 붓으로 조선을 그리다』, 북촌.

이선복, 1989, 『동북아시아 구석기연구』, 서울대학교출판부.

이순신·김경수 평역, 2004, 『난중일기』, 행복한 책읽기.

이시우, 2003, 『민통선 평화기행』, 창비.

이용규, 2020, 『임진강은 흐른다: 38선 부근 사람들』, 타오름.

이우평, 2007, 『지리교사 이우평의 한국지형산책 1·2』, 푸른숲.

이정수, 2003, 『아! 금강산: 금강산관광 5주년 기념 이정수 사진집』, 한겨레통일문화재단.

이정훈·김갑곤 외, 2022, 『경기만의 어제와 오늘』, 푸른길.

이중근 편저, 2013, 『6.25전쟁 1129일』, 우정문고.

이중환·이익성 역, 1993, 『택리지』, 을유문화사.

이지호·이영택, 1972, 『국토와 지도』, 보진재.

이진환, 2016, 『교동도의 역사와 문화산책』, 정행사.

이창덕, 1987, 『고랭지 농업』, 강원대학교출판부.

이충렬, 2022, 『김대건, 조선의 첫 사제』, 김영사.

이현군, 2009, 『옛 지도를 들고 서울을 걷다』, 청어람미디어.

이현군, 2009, 『섬이 아닌 섬 뚝섬: 한양의 동쪽 교외 in 한강의 섬』, 마티.

임동헌, 2009, 『강원도와 고갯길 여행』, 송정.
임병조, 2010, 『지역정체성과 제도화: 내포지역연구』, 한울.
임승표, 2004, 『역주 대동지지』, 이회.
임종업, 2022, 『파주 역사여행』, 소동.
장재훈, 2002, 『한국의 화강암 침식지형』, 성신여자대학교출판부.
정홍원·이기섭 외, 1946, 『조선지리』, 정음사.
정치영, 2014, 『사대부, 산수유람을 떠나다』, 한국학중앙연구원출판부.
존 리치, 2020, 『한국전쟁 70주년 사진집 1950』, 서울셀렉션.
주강현, 2005, 『제국의 바다 식민의 바다』, 웅진지식하우스.
주강현, 2006, 『관해기2: 일상과 역사를 가로지르는 우리 바다 읽기, 서쪽바다』, 웅진지식
　　　하우스.
지광훈·장동호 외, 2009, 『위성에서 본 한국의 산지지형』, 한국지질자원연구원.
충남대학교 마을연구단, 2006, 『태안 개미목 마을』, 대원사.
최덕근, 2014, 『한반도 형성사』, 서울대학교출판문화원.
최덕경, 2024, 『우리콩 대두의 역사』, 자연경실.
최삼규·최양현진, 2007, 『DMZ는 살아 있다』, 자연과 자유.
최선웅·민병준, 2017, 『해설 대동여지도』, 진선출판사.
최완기, 1997, 『한양: 그곳에 살고 싶다?』, 교학사.
최영선, 1995, 『자연사 기행: 한반도는 숨쉬고 있다』, 한겨레신문사.
최영준, 1997, 『국토와 민족생활사』, 한길사.
최영준, 2013, 『개화기의 주거생활사: 경상남도 가옥과 취락의 역사지리학』, 한길사.
최원회, 2018, 『계룡산 자연환경: 이야기로 만나는 계룡산국립공원 문화자원』, 계룡산국
　　　립공원사무소.
최원회·정치영, 2020, 『금강 유역의 지리와 경관』, 충청남도역사문화연구원.
최원회 외, 2016, 『내포의 지리와 환경』, 충청남도역사문화연구원.
최준식, 2003, 『신 서울기행』, 열매.
최중기 외, 2015, 『교동도』, 민속원.
최창조, 1997, 『한국의 자생 풍수』, 민음사.
최협 편, 1997, 『인류학과 지역연구』, 나남출판.

한국교원대학교 역사교육과 교수진, 2004, 『아틀라스 한국사』, 사계절.
한국문화역사지리학회, 2013, 『현대 문화지리의 이해』, 푸른길.
한국사진기자단, 1975, 『보도사진연감』, 한국기자협회.
함안군 편, 1990, 『함안의 지명유래』, 함안군.
헤르만 라우텐자흐·김종규 역, 2014, 『코레아』, 푸른길.
황인천 편저, 2020, 『방천 황희의 삶과 시』, 보림에스엔피.

〈사진 출처〉

12쪽 아래 손경석·이상규 해설, 1986, 『사진으로 보는 근대한국 상·하』, 서문당
16쪽 이수달
18쪽 남해군
22쪽 ⓒ한국관광공사 포토코리아-김지호
23쪽 ⓒ한국관광공사 포토코리아-김지호
25쪽 ⓒ한국관광공사 포토코리아-황성훈
26쪽 남원시
35쪽 ⓒ한국관광공사 포토코리아-황성훈
36쪽 연합뉴스
39쪽 ⓒ한국관광공사 포토코리아-오경택
43쪽 함안군
49쪽 국가기록원
52쪽 국가보훈처
55쪽 박준건
61쪽 ⓒ한국관광공사 포토코리아-부산관광공사
80쪽 ⓒ한국관광공사 포토코리아-김지호
89쪽 지리부도, 조창연 외
123쪽 ⓒ한국관광공사 포토코리아-IR 스튜디오
128쪽 ⓒ한국관광공사 포토코리아-김지호
138쪽 아래 ⓒ한국관광공사 포토코리아-박성근
140쪽 한화오션
154쪽 지도대사전, 성지문화사
169쪽 ⓒ한국관광공사 포토코리아-김지호
191쪽 ⓒ한국관광공사 포토코리아-이범수
195쪽 ⓒ한국관광공사 포토코리아-남기문
201쪽 서문당
205쪽 서문당

그 외 사진은 저자와 게티이미지코리아, 푸른길 등에 저작권이 있습니다.

역사를 담은 지리로그

1판 1쇄 발행 2025년 12월 4일

지은이 이민부
펴낸이 김선기
펴낸곳 (주)푸른길
출판등록 1996년 4월 12일 제16-1292호
주소 (08377) 서울시 구로구 디지털로 33길 48 대륭포스트타워 7차 1008호
전화 02-523-2907, 6942-9570~2
팩스 02-523-2951
이메일 purungilbook@naver.com
홈페이지 www.purungil.com

ISBN 979-11-7267-066-5 03980

ⓒ 이민부, 2025

*이 책은 (주)푸른길과 저작권자와의 계약에 따라 보호받는 저작물이므로 본사의 서면 허락 없이는 어떠한 형태나 수단으로도 이 책의 내용을 이용하지 못합니다.